“十三五”高等教育教学改革行动计划系列教材 ● 会计专业

ERP
沙盘模拟经营

第2版

主　编 | 蔡雪莹　谢鹏如　付　阳
副主编 | 孔　丽　刘　洁　唐笑洁

電子工業出版社
Publishing House of Electronics Industry
北京 • BEIJING

图书在版编目（CIP）数据

ERP 沙盘模拟经营 / 蔡雪莹，谢鹏如，付阳主编. —2 版. —北京：电子工业出版社，2021.1
ISBN 978-7-121-39734-9

Ⅰ. ①E… Ⅱ. ①蔡… ②谢… ③付… Ⅲ. ①企业管理－计算机管理系统－高等学校－教材 Ⅳ. ①F272.7

中国版本图书馆 CIP 数据核字(2020)第 193199 号

责任编辑：刘淑丽
印　　刷：保定市中画美凯印刷有限公司
装　　订：保定市中画美凯印刷有限公司
出版发行：电子工业出版社
　　　　　北京市海淀区万寿路 173 信箱　　邮编：100036
开　　本：787×1092　1/16　印张：11.75　字数：264 千字
版　　次：2017 年 2 月第 1 版
　　　　　2021 年 1 月第 2 版
印　　次：2021 年 9 月第 3 次印刷
定　　价：42.00 元

凡所购买电子工业出版社图书有缺损问题，请向购买书店调换。若书店售缺，请与本社发行部联系，联系及邮购电话：（010）88254888，88258888。
质量投诉请发邮件至 zlts@phei.com.cn，盗版侵权举报请发邮件至 dbqq@phei.com.cn。
本书咨询联系方式：（010）88254199，sjb@phei.com.cn。

第2版前言

ERP沙盘模拟教学目前已经被中职、高职、本科等很多院校接受并开设课程，其新颖的教学方式让课堂气氛活跃，学生参与度高，同时具备趣味性和对抗性，深受广大师生喜爱。该课程主要是将学生分成若干个小组，每个小组模拟经营一家生产型企业，一般从事6～8个会计年度的经营活动，主要涉及管理、会计、营销、生产、物流等基础知识。在经营过程中学生发现问题，然后以小组讨论的方式来解决问题，让学生深刻体验经营公司的艰难，并且明白管理者所要具备的综合能力和素养，从而针对自己的职业发展规划做出改变。

《ERP沙盘模拟经营》自出版以来，市场反响良好，为适应目前新形势下的需求，《ERP沙盘模拟经营》（第2版）应运而生。本教学团队目前已拍摄并制作了在线开放课程，并被认定为省级在线开放课程，在线开放课程会以二维码的形式放入《ERP沙盘模拟经营（第2版）》中。本书还附有网址链接（http://mooc1.chaoxing.com/course/200189193.html），该课程网站会不定期更新资料。《ERP沙盘模拟经营》（第2版）还加入了过程化考核教学的材料。

本书主要是针对中职院校使用的“创业者”电子沙盘和高职、本科院校使用的“商战”电子沙盘来编写的，编者在教学和指导学生参加竞赛的过程中，深深感受到编写此书的必要性和迫切性。

本书主要有以下特色。

1. 本书主要以服务教学为目的，用经典案例来讲解经营流程，有详细图示解析，通俗易懂。

2. 本书的几个编者都是从事电子沙盘教学的资深教师，并且指导学生竞赛有突出成绩。

3. 荣获国赛一等奖的学生回顾真实比赛经历，对企业中的不同角色和职责进行剖析，方便老师和学生学习，做到以学促赛、以赛促学。

4. 本书附有网址链接，该课程网站会不定期更新资料，使授课与指导比赛同时进行。

5. 本书加入了过程化考核教学的材料，既有老师教学考评参考的材料，也有学生上课时可以直接用的表格，使本书的内容更加完整。

本书由江西工业工程职业技术学院蔡雪莹、谢鹏如和付阳担任主编，孔丽、刘洁、唐笑洁担任副主编。蔡雪莹负责编写项目一和项目二，谢鹏如负责编写项目三，蔡雪莹、谢鹏如和付阳负责编写项目四，孔丽、刘洁和唐笑洁辅助编写本书中的统计数据，并对表格中的数据进行核对。在本书编写过程中得到王腾飞等老师的帮助，在此一并感谢。

本书适合中职、高职、本科等院校 ERP 沙盘课程使用，也可以作为培训沙盘授课老师的参考资料。如果在使用本书的过程中有任何问题和建议，可以通过出版社联系编者。

由于编者水平有限，如有疏漏和不当之处，敬请指正，并及时反馈给编者，以期日后改正和完善。

编者

2020 年 8 月

目录

项目一　ERP 沙盘模拟简介 1

任务一　ERP 沙盘的起源 1
任务二　生活中的 ERP 2
任务三　开设 ERP 沙盘模拟课程的意义 4
任务四　ERP 沙盘模拟课程体系的建立及教学内容的实施 5

项目二　“创业者”电子沙盘 12

任务一　“创业者”电子沙盘规则解析 12
任务二　“创业者”电子沙盘市场分析 21
任务三　“创业者”电子沙盘运营流程 25

项目三　“商战”电子沙盘 42

任务一　“商战”电子沙盘规则解析 42
任务二　“商战”电子沙盘市场分析 52
任务三　“商战”电子沙盘运营流程 56

项目四　竞赛实战经验分享 75

任务一　ERP 沙盘模拟经验之总经理篇 75
任务二　ERP 沙盘模拟经验之财务篇 81
任务三　ERP 沙盘模拟经验之销售篇 84
任务四　ERP 沙盘模拟经验之生产和采购篇 89
任务五　ERP 沙盘参赛选手感悟 91
任务六　ERP 沙盘经典赛事数据分享 98

附录　过程化考核教学手册 146

参考文献 181

项目一

ERP 沙盘模拟简介

任务一 ERP 沙盘的起源

公元 32 年，东汉名将马援在光武帝面前用米堆成山谷沟壑等地形地物，然后指点山川形势，标示各路部队进退往来的道路，对战局的分析透彻明白，这是中国记载沙盘使用最早的历史。在军事题材的电影、电视作品中，我们常常看到指挥员们站在一个地形模型（见图 1-1）前研究作战方案，这种根据地形图、实地地形或航空相片，按一定的比例关系，用泥沙、兵棋和其他材料堆制的模型就是沙盘。后来不断发展演变，形成了现在的建筑模拟沙盘、房地产沙盘（见图 1-2）、工业地形沙盘等。

图 1-1 军事沙盘

图 1-2 房地产沙盘

自从 1978 年 ERP 沙盘模拟课程被瑞典皇家理工学院开发之后，迅速被很多高校认可。现在国际上许多知名的商学院（如哈佛商学院等）和一些管理咨询机构都在使用 ERP 沙盘模拟演练，对职业经理人、经济管理类学生进行训练，使受训者在实际经营过程中提高决策和运营能力。

20 世纪 80 年代初期，我国引入 ERP 沙盘模拟课程，主要是用于企业管理层培训的。21 世纪初，一些软件公司相继开发出 ERP 沙盘模拟教学课程，主要是手工（物理）沙盘，并且快速被很多院校接受，现在越来越多的院校开设了 ERP 沙盘模拟课程，且反映效果非常好。ERP 沙盘不断发展完善，由最初的手工沙盘到现在的“创业者”电子沙盘及“商战”电子沙盘。

任务二 生活中的 ERP

其实在日常生活中，ERP 对我们来说并不陌生，举个生活中的小例子来给大家讲解（见图 1-3）。以下是一段对话。

老公：亲爱的老婆，晚上我想在家请几个朋友吃饭，你看可以吗？**（订货意向）**

老婆：没问题，有几个朋友来，都喜欢吃什么菜呢？**（商务沟通谈判）**

老公：有 4 个朋友，我们晚上 6 点就能到家了，准备一些啤酒、烧鸡块、烤鸭、小炒肉、素菜、紫菜蛋汤……你看行吗？**（发出订货单）**

老婆：好的，明白，我会提前准备的。**（订货单确认）**

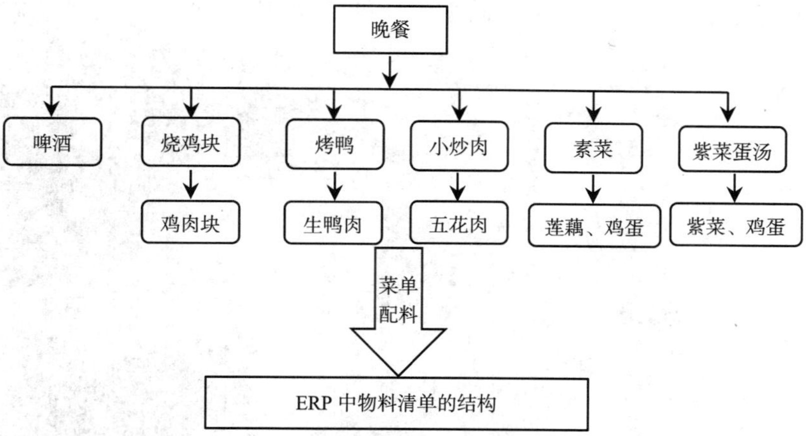

图 1-3　生活中的 ERP

一、列示晚餐菜单材料清单

① 1 只生鸡
② 1 只生鸭
③ 0.75 千克五花肉
④ 1 千克莲藕
⑤ 6 个鸡蛋
⑥ 0.25 千克紫菜
⑦ 4 个鸡蛋
⑧ 1 箱啤酒（12 瓶）

（⑤—⑦）共用材料

→ ERP 中的物料需求

二、去厨房检查所需材料

① 冰箱只有 4 个鸡蛋
② 3 瓶啤酒

→ ERP 中的库存材料

三、晚餐采购清单

① 1 只生鸡
② 1 只生鸭
③ 0.75 千克五花肉
④ 1 千克莲藕
⑤ 6 个鸡蛋
⑥ 0.25 千克紫菜
⑦ 9 瓶啤酒

→ ERP 中的材料净需求

晚餐操作中心（相当于 ERP 中的生产车间），如图 1-4 所示。

图 1-4　晚餐操作中心

四、安排做菜流程（相当于 ERP 中的生产工艺）

洗 ⟹ 切 ⟹ 炒 ⟹ 煮

儿子：妈妈，我今天请女朋友来家里吃饭，可以吗？（紧急加单情况）

妈妈：没问题，你们想吃什么呀？

儿子：腐竹炒肉、爆炒鱿鱼须，我们 7 点左右到家，谢谢妈妈！

老婆：喂，儿子要带女朋友回来吃饭，你回来的时候到超市购买 0.5 千克鱿鱼须和 0.5 千克腐竹。（准备加急订单）

老公：好的！

以上就是我们生活中经常遇到的情况，其实 ERP 沙盘模拟没有什么神秘的，它就来源于我们的生活。

任务三　开设 ERP 沙盘模拟课程的意义

ERP 沙盘模拟课程借助沙盘模具，基本再现了生产型企业经营管理的过程，将企业的主要部门和工作对象制作成电子虚拟模型，将企业经营过程设计为一系列简化规则，让受训者分别担任企业总经理、财务总监、市场总监、生产总监、采购总监等职务。

通过 ERP 沙盘模拟经营、对抗演练、教师评析、学生感悟等实训环节，融理论与实践为一体、集角色扮演与岗位体验于一身的设计思想，ERP 沙盘模拟课程就这样将“生产制造企业”搬进了课堂。

ERP 沙盘模拟是一种将“体验式”“互动式”“趣味性”等融于一体的全新的教学手段

和方法，学生作为课堂教学活动的主体，老师作为引路人，这是针对传统教学方法的创新改革，也顺应了现在创新创业浪潮的发展。该课程既能让受训者全面学习、掌握经济管理知识，又可以充分调动受训者学习的主动性与参与性，让受训者身临其境，真正感受一个企业经营者直面市场竞争的精彩与残酷，承担企业经营的风险与责任。这是学生了解并认识企业经营的最佳途径，对学生寻找职业兴趣点有很大的帮助，有助于学生理论联系实际，在企业经营模拟中使理论知识得到实践，决策更具有明确性；有利于教师指导，并由此综合提升受训者经营管理的素质与能力。

ERP 沙盘模拟和现实中的企业经营并不是完全一样的，我们在课程中不能过分追求模拟企业和现实中企业的一致性。ERP 沙盘模拟将企业内外部环境简化成一系列规则，为了操作方便，把所得税、管理费、原料采购等事项简化设置，只要受训者熟悉处理问题的思维角度，处理问题的方法科学合理即可。在实训课程中，要把握住主次问题，而不是钻牛角尖。

任务四 ERP 沙盘模拟课程体系的建立及教学内容的实施

一、ERP 沙盘模拟课程体系的建立

本课程以模拟经营生产制造企业为情境，以生产制造企业运营为载体来组织教学，将职业行动领域的工作过程融合在项目训练中，课程项目结构与学时分配表如表 1-1 所示。

表 1-1　课程项目结构与学时分配表

序　号	项目名称	子项目名称	项目内容	学时
1	项目一	ERP 沙盘基础知识	ERP 沙盘概述、ERP 沙盘的发展阶段及趋势、ERP 沙盘信息化管理系统的结构	2
2	项目二	ERP 沙盘的实施和管理	组建 ERP 沙盘领导小组、制订模拟企业的工作规划、建立模拟企业的组织机构、确立人员的工作岗位及其职责等	4
3	项目三	ERP 沙盘模拟运营规则和流程表的介绍	介绍规则构成及企业运营思路、现金预算表、资产负债表等	6
4	项目四	第一轮企业模拟运营（一）	ERP 沙盘系统介绍，基础参数设置，系统登录，流程操作，第一年、第二年企业模拟运营	6
5	项目五	第一轮企业模拟运营（二）	第三年、第四年企业模拟运营，竞拍会设置及开放	6
6	项目六	第一轮企业模拟运营（三）	第五年、第六年企业模拟运营，竞拍会设置及开放，企业综合竞争力排名及企业管理运营方案分析与总结	6
7	项目七	第二轮企业模拟运营（一）	市场预测走势分析，产品研发层次分析，第一年、第二年企业模拟运营	6

续表

序　号	项目名称	子项目名称	项目内容	学时
8	项目八	第二轮企业模拟运营（二）	第三年、第四年企业模拟运营、竞拍会设置及开放	6
9	项目九	第二轮企业模拟运营（三）	第五年、第六年企业模拟运营，竞拍会设置及开放，企业综合竞争力排名及企业管理运营方案分析，各小组总经理进行总结	6
合　计				48

二、教学内容的实施

本课程所有学习情境都设计了学习情境表，学习情境表的内容包括项目目标、项目任务、教师知识与能力要求、学生知识与能力准备、教学资料、使用工具，并按照实际工作过程给出了参考实施步骤。具体内容如表 1-2 至表 1-10 所示。

表 1-2　ERP 沙盘基础知识

学习情境 1： ERP 沙盘基础知识			学时：2
项目目标	了解 ERP 沙盘的发展阶段及趋势、ERP 沙盘信息化管理系统的结构		
项目任务	完成对本项目基础理论的理解		
教师知识与能力要求	熟悉本项目理论的设计方法及课堂讲授方法		
学生知识与能力准备	具备问题分析能力、课本使用能力、会计基础知识		
教学资料	本课程教学内容任务书、教学材料、课件		
使用工具	多媒体教学一体机、ERP 沙盘软件等		
实施步骤	教学过程	教学方法建议	学　　时
	教师下发本课程教学内容任务书，并介绍 ERP 沙盘发展的历史，学生讨论提问，教师解答学生提出的问题	讲授法	2

表 1-3　ERP 沙盘的实施和管理

学习情境 2： ERP 沙盘的实施和管理	学时：4
项目目标	了解生产制造企业的组织机构及软件的选择和运行，掌握不同角色的工作岗位及其职责
项目任务	完成本项目的教学内容
教师知识与能力要求	熟悉本课程的设计思路、课程讲授方法、多媒体的使用方法
学生知识与能力准备	具备独立自主分析的能力、管理学基础知识
教学资料	本课程教学内容任务书、教学材料、课件
使用工具	多媒体教学一体机、ERP 沙盘软件等

续表

实施步骤	教学过程	教学方法建议	学　时
1. 教学材料	教师下发本课程教学内容任务书	讲授法 演示法	1
2. 分析与讨论	用 ERP 沙盘模拟企业竞选总经理，组建模拟企业的领导小组，讨论制订模拟企业的工作规划、建立模拟企业的组织机构、确立模拟企业中员工的工作岗位及其职责等	讨论法 交互检查法 教师讲评法	2
3. 实施	学生按项目要求进行操作	小组工作法	1
4. 检查与评估	通过分组演示和介绍，由教师和其他组打分	讨论法 小组演示法	

表 1-4　ERP 沙盘模拟运营规则和流程表的介绍

学习情境 3：ERP 沙盘模拟运营规则和流程表的介绍			学时：6
项目目标	了解 ERP 沙盘模拟运营规则、掌握现金预算表等表格的填制方法		
项目任务	完成本项目内容的教学		
教师知识与能力要求	熟悉本课程的设计思路、教学方法、运营表格的填制方法		
学生知识与能力准备	具备独立自主分析的能力、教材使用能力、会计税法基础知识		
教学资料	本课程教学内容任务书、教学材料、课件		
使用工具	多媒体教学一体机、ERP 沙盘软件等		
实施步骤	教学过程	教学方法建议	学　时
1. 教学材料	教师下发本课程教学内容任务书	讲授法 讨论法	1
2. 分析与讨论	对厂房、生产线、市场开拓、ISO 资格认证、产品研发、企业融资、订单抢购等进行讲解，对现金预算表、综合费用表、利润表、资产负债表等之间的联系进行介绍	讲授法 交互检查法 教师讲评法	4
3. 实施	学生按项目要求进行操作	小组工作法	1
4. 检查与评估	学生检查完成的项目是否符合要求，并对完成项目的过程进行评估，通过分组演示和介绍，由教师和其他组打分	交互检查法 讨论法 小组演示法	

表 1-5　第一轮企业模拟运营（一）

学习情境 4：第一轮企业模拟运营（一）	学时：6
项目目标	了解 ERP 沙盘软件的使用环境，掌握 ERP 沙盘软件的登录和操作，掌握系统管理及基础参数设置
项目任务	熟悉系统，完成第一年、第二年企业模拟运营
教师知识与能力要求	熟悉本课程的设计思路、教学方法、ERP 沙盘软件的使用方法

续表

学习情境 4：第一轮企业模拟运营（一）			学时：6
学生知识与能力准备	具备独立自主分析的能力、教材使用能力、会计税法基础知识		
教学资料	本课程教学内容任务书、教学材料、课件		
使用工具	多媒体教学一体机、ERP 沙盘软件等		
实施步骤	教学过程	教学方法建议	学　时
1. 教学材料	教师下发本课程教学内容任务书	讲授法 演示法	1
2. 分析与讨论	ERP 沙盘系统介绍，基础参数设置，系统登录，流程操作，现金预算表、综合费用表、利润表及资产负债表核对检查，第一年、第二年企业模拟运营	讨论法 交互检查法 教师讲评法	4
3. 实施	学生按项目要求进行操作	小组工作法	1
4. 检查与评估	学生检查完成的项目是否符合要求，并对完成项目的过程进行评估，通过分组演示和介绍由教师和其他组打分	交互检查法 讨论法 小组演示法	

表 1-6　第一轮企业模拟运营（二）

学习情境 5：第一轮企业模拟运营（二）			学时：6
项目目标	熟悉生产制造企业的运营管理		
项目任务	完成第三年、第四年企业模拟运营		
教师知识与能力要求	熟悉本课程的设计思路、教学方法、多媒体的使用方法		
学生知识与能力准备	具备独立自主分析的能力、教材使用能力、会计税法基础知识		
教学资料	本课程教学内容任务书、教学材料、课件		
使用工具	多媒体教学一体机、ERP 沙盘软件等		
实施步骤	教学过程	教学方法建议	学时
1. 教学材料	教师下发本课程教学内容任务书	讲授法 演示法	1
2. 分析与讨论	小组讨论制订总体设计和制作方案，确定方案是否可行及提出改进办法，改正到方案可行。小组讨论确定详细方案，对现金预算表、综合费用表、利润表及资产负债表进行核对检查，完成第三年、第四年企业模拟运营	讲授法 讨论法 交互检查法 教师讲评法	4
3. 实施	学生按项目要求进行操作	小组工作法	1
4. 检查与评估	学生检查完成的项目是否符合要求，并对完成项目的过程进行评估，通过分组演示和介绍，由教师和其他组打分	交互检查法 讨论法 小组演示法	

表 1-7　第一轮企业模拟运营（三）

学习情境 6：第一轮企业模拟运营（三）			学时：6
项目目标	熟悉生产制造企业的运营管理，掌握市场信息		
项目任务	完成第五年、第六年企业模拟运营，进行第一轮运营总结分析		
教师知识与能力要求	熟悉本课程的设计思路、教学方法、多媒体的使用方法		
学生知识与能力准备	具备独立自主分析的能力、教材使用能力、会计税法基础知识		
教学资料	本课程教学内容任务书、教学材料、课件		
使用工具	多媒体教学一体机、ERP 沙盘软件等		
实施步骤	教学过程	教学方法建议	学时
1. 教学材料	教师下发本课程教学内容任务书	讲授法 演示法	1
2. 分析与讨论	小组讨论制订总体设计和制作方案，同时确定方案是否可行及提出改进办法，改正到方案可行。小组讨论确定详细方案，对现金预算表、综合费用表、利润表及资产负债表进行核对检查，完成第五年、第六年企业模拟运营，企业综合竞争力排名及企业管理运营方案分析	讨论法 交互检查法 教师讲评法	4
3. 实施	学生按项目要求进行操作	小组工作法	1
4. 检查与评估	学生检查完成的项目是否符合要求，并对完成项目的过程进行评估，通过分组演示和介绍，由教师和其他组打分	交互检查法 讨论法 小组演示法	

表 1-8　第二轮企业模拟运营（一）

学习情境 7：第二轮企业模拟运营（一）			学时：6
项目目标	熟悉 ERP 沙盘软件的使用，掌握系统登录和操作、系统管理及基础参数设置，加深对企业运营流程的理解		
项目任务	完成第一年、第二年企业模拟运营		
教师知识与能力要求	熟悉本课程的设计思路、教学方法、多媒体的使用方法		
学生知识与能力准备	具备独立自主分析的能力、教材使用能力、会计税法基础知识		
教学资料	本课程教学内容任务书、教学材料、课件		
使用工具	多媒体教学一体机、ERP 沙盘软件等		
实施步骤	教学过程	教学方法建议	学时
1. 教学材料	教师下发本课程教学内容任务书	讲授法 演示法	1
2. 分析与讨论	小组讨论制订总体设计和制作方案，同时确定方案是否可行及提出改进办法，改正到方案可行。小组讨论确定详细方案，对现金预算表、综合费用表、利润表及资产负债表进行核对检查，完成第一年、第二年企业模拟运营	讨论法 交互检查法 教师讲评法	4

续表

实施步骤	教学过程	教学方法建议	学时
3. 实施	学生按项目要求进行操作	小组工作法	1
4. 检查与评估	学生检查完成的项目是否符合要求，并对完成项目的过程进行评估，通过分组演示和介绍，由教师和其他组打分	交互检查法 讨论法 小组演示法	

表 1-9　第二轮企业模拟运营（二）

学习情境 8：第二轮企业模拟运营（二）			学时：6
项目目标	掌握生产制造企业的运营管理		
项目任务	完成第三年、第四年企业模拟运营		
教师知识与能力要求	熟悉本课程的设计思路、教学方法、多媒体的使用方法		
学生知识与能力准备	具备独立自主分析的能力、教材使用能力、会计税法基础知识		
教学资料	本课程教学内容任务书、教学材料、课件		
使用工具	多媒体教学一体机、ERP 沙盘软件等		
实施步骤	教学过程	教学方法建议	学时
1. 教学材料	教师下发本课程教学内容任务书	讲授法 演示法	1
2. 分析与讨论	小组讨论制订总体设计和制作方案，同时确定方案是否可行及提出改进办法，改正到方案可行。小组讨论确定详细方案，对现金预算表、综合费用表、利润表及资产负债表进行核对检查，完成第三年、第四年企业模拟运营	讨论法 交互检查法 教师讲评法	4
3. 实施	学生按项目要求进行操作	小组工作法	1
4. 检查与评估	学生检查完成的项目是否符合要求，并对完成项目的过程进行评估，通过分组演示和介绍，由教师和其他组打分	交互检查法 讨论法 小组演示法	

表 1-10　第二轮企业模拟运营（三）

学习情境 9：第二轮企业模拟运营（三）	学时：6
项目目标	掌握生产制造企业的运营管理、掌握市场信息
项目任务	完成第五年、第六年企业模拟运营及实训总结
教师知识与能力要求	熟悉本课程的设计思路、教学方法、多媒体的使用方法
学生知识与能力准备	具备独立自主分析的能力、教材使用能力、会计税法基础知识
教学资料	本课程教学内容任务书、教学材料、课件
使用工具	多媒体教学一体机、ERP 沙盘软件等

续表

实施步骤	教学过程	教学方法建议	学时
1. 教学材料	教师下发本课程教学内容任务书	讲授法 演示法	1
2. 分析与讨论	小组讨论制订总体设计和制作方案，同时确定方案是否可行及提出改进办法，改正到方案可行。小组讨论确定详细方案，对现金预算表、综合费用表、利润表及资产负债表进行核对检查，完成第五年、第六年企业模拟运营	讨论法 交互检查法 教师讲评法	3
3. 实施	各小组总经理进行总结	小组工作法	1
4. 检查与评估	学生检查完成的项目是否符合要求，并对完成项目的过程进行评估，写出实训体会	交互检查法 讨论法 总结概括法	1

注意事项：在实训过程中，每个小组的现金预算表、综合费用表、利润表和资产负债表都要填制完整而且正确无误。

项目二

“创业者”电子沙盘

任务一 “创业者”电子沙盘规则解析

一、“创业者”电子沙盘基本规则

表 2-1 至表 2-8 分别列示了生产线基本规则、生产线折旧规则、厂房规则、融资规则、市场准入规则、市场资格认证规则、产品规则、原料规则。

表 2-1 生产线基本规则

类　型	购置费（万元）	安装周期（季）	生产周期（季）	总转产费（万元）	转产周期（季）	维护费（万元/年）	折旧时间（年）	残值（万元）	分值（分）
手工线	5	0	2	0	0	1	5	1	0
租赁线	0	0	1	2	1	6		–8	0
自动线	15	3	1	2	1	2	5	3	8
柔性线	20	4	1	0	0	2	5	4	10

注意事项：

（1）安装周期为 0，表示即买即用。

（2）计算投资总额时，若安装周期为 0，则按 1 计算。

（3）不论何时出售生产线，当价格为残值时，净值与残值之差计入损失。

（4）只有空生产线方可转产。

（5）当年建成的生产线需要缴纳维护费。

（6）每季度都可以购买、租赁生产线，租赁生产线退租残值是–8 万元，直接扣除企业现金，计入综合费用表“损失”项目内，不再扣除维护费。

表 2-2　生产线折旧规则

单位：万元

类　型	购置费	残　值	建成第一年	建成第二年	建成第三年	建成第四年	建成第五年
手工线	5	1	0	1	1	1	1
自动线	15	3	0	3	3	3	3
柔性线	20	4	0	4	4	4	4

注意事项：

（1）折旧（采用平均年限法）：建成当年不计提折旧。

（2）当净值等于残值时，生产线不再计提折旧，但可以继续使用。

表 2-3　厂房规则

厂　房	买价（万元）	租金（万元/年）	售价（万元）	容量（条）	分值（分）
大厂房	40	5	40	4	10
中厂房	30	4	30	3	8
小厂房	18	2	18	2	7

注意事项：

（1）出售厂房得到 4 个账期的应收款，在紧急情况下可进行厂房贴现，直接得到现金，如厂房中有生产线，同时要扣租金。

（2）每季均可租或买，租满 1 年的厂房在满年的季度（如第 2 季度租的，则到以后各年第 2 季度为满年，可进行处理），需要用“厂房处理”进行“租转买”“退租”（当厂房中没有任何生产线时）等处理，如果未加处理，则原来租用的厂房在满年季末自动续租，厂房不计提折旧，生产线不允许在不同厂房间移动。

（3）厂房的使用可以任意组合，但总数不能超过 4 个。例如，租 4 个小厂房，或者买 4 个大厂房，或者租 1 个大厂房买 3 个中厂房。

表 2-4　融资规则

<table>
<tr><th>贷款类型</th><th>贷款时间</th><th>贷款额度</th><th>年　息</th><th>还款方式</th></tr>
<tr><td>长期贷款</td><td>每年年初</td><td rowspan="2">所有长期贷款和短期贷款之和不能超过上年权益的3倍</td><td>10%</td><td>年初付息，到期还本；每次贷款额不小于 10 万元的整数倍</td></tr>
<tr><td>短期贷款</td><td>每季度初</td><td>5%</td><td>到期一次还本付息；每次贷款额不小于 10 万元的整数倍</td></tr>
<tr><td>资金贴现</td><td>任何时间</td><td>视应收款额</td><td>10%（第 1 季度、第 2 季度），12.5%（第 3 季度、第 4 季度）</td><td>变现时贴息，各账期独立贴现</td></tr>
<tr><td>库存拍卖</td><td colspan="4">原料按 8 折，成品按成本价</td></tr>
</table>

注意事项：

（1）长期贷款利息的计算方法：所有不同年份的长期贷款加总再乘以利率，然后进行四舍五入得出利息。

（2）短期贷款利息的计算方法：按每笔短期贷款分别计算，然后进行四舍五入得出利息。

表 2-5　市场准入规则

市　　场	开发费（万元）	时间（年）	分值（分）
本地	1	1	7
区域	1	1	7
国内	1	2	8
亚洲	1	3	9
国际	1	4	10

注意事项：

（1）开发费用按开发时间在年末支付，不允许加速投资，但可中断投资。

（2）市场开发完成后，领取相应的市场准入证。

表 2-6　市场资格认证规则

认证类型	时间（年）	每年的费用（万元）	分值（分）
ISO 9000	2	1	8
ISO 14000	2	2	10

注意事项：

（1）开发费用按开发时间在年末支付，不允许加速投资，但可中断投资。

（2）ISO 开发完成后，领取相应的认证。

（3）无须缴纳维护费，可中途停止使用，也可继续拥有资格并在以后年份使用。

表 2-7　产品规则

名　　称	研发费用（万元）	研发周期（季）	加工费（万元）	直接成本（万元）	产品组成	分值（分）
P1	1	2	1	2	R1	7
P2	1	3	1	3	R2+R3	8
P3	1	4	1	4	R1+R3+R4	9
P4	2	5	1	5	R2+R3+2R4	10

注意事项：

开发费用在季末支付，不允许加速投资，但可以中断投资。

表 2-8 原料规则

名　称	购买价格（万元/个）	提前期（季）
R1	1	1
R2	1	1
R3	1	2
R4	1	2

注意事项：

（1）订购原料时，不要支付货款。

（2）当原料到货时，必须以现金方式支付货款，不允许赊账。

二、特别事项解析

（一）紧急采购

（1）付款即到货，原料价格为直接成本的 2 倍，成品价格为直接成本的 3 倍。

（2）紧急采购原料和产品时，直接扣除现金。上报报表时，成本仍然按照标准成本记录，紧急采购多付出的成本计入综合费用表的损失项。

（二）选单规则

投 1 万元广告费有一次选单机会，每增加 2 万元多一次选单机会，投放的广告费可以为 2 万元、3 万元。

1. 选单顺序

（1）以本市场、本产品广告费投放大小顺序依次选单。

（2）如果两支队伍在本市场本产品广告额相同，则看本市场所有产品广告投放总额。

（3）如果本市场所有产品广告投放总额也相同，则看上年本市场销售排名。

（4）如果仍然无法决定，则先投广告者先选单，依据系统时间决定。

（5）第一年无订单。

2. 开单顺序

（1）选单时，两个市场同时开单，各队需要同时关注两个市场的选单情况。

（2）当其中一个市场选单结束时，第三个市场立即开单，即任何时候都会有两个市场同时开单，直到最后只剩下一个市场选单未结束。

（3）市场开放顺序分别为“本地+区域”、国内、亚洲、国际。

（4）各市场内产品按 P1、P2、P3、P4 的顺序独立放单。

（5）选单时各队需要点开相应的“市场”，一个市场选单结束，系统不会自动跳到新开放的市场。

【例 2-1】假设有本地、区域、国内、亚洲 4 个市场进行选单。

首先，本地和区域市场同时开单，当本地市场选单结束时，国内市场立即开单，此时区域、国内两个市场保持同时开单；当区域市场选单结束后，亚洲市场立即开单，即国内、亚洲两个市场同时开单，直至选单结束。

提请注意：

（1）出现确认框，要在倒计时大于 10 秒时点“确认”，否则可能造成选单无效。

（2）在每个细分市场都有多次选单机会，只要放弃一次，则视同放弃该细分市场所有选单机会。

（三）竞单会（系统 1 次放 3 张订单同时竞单，并显示所有订单）

参与竞标的订单标明了订单编号、产品、数量等，而总金额、交货期、账期 3 项为空。竞标订单的相关要求说明如下。

竞标订单中的总金额、交货期、账期都是根据各个队伍的情况自己填写、选择的，系统默认的总金额是成本价，交货期为 1 期交货，账期为 4 个账期，如要修改需要手工修改。

1. 投标资质

参与投标的公司需要有相应市场、ISO 认证的资质，但不必有生产资格。中标的公司应为该单支付 1 万元的中标服务费，在竞标会结束后一次性扣除，计入广告费里面。

如果（已竞得单数+本次同时竞单数）×1（万元）>现金余额，则不能再参与竞标，即必须有一定的库存现金作为保证金。如同时竞 3 张订单，库存现金为 5 万元，已经竞得 3 张订单，扣除了 3 万元的中标服务费，还剩余 2 万元库存现金，则不能继续参与竞单，因为万一再竞得 3 张订单，2 万元库存现金不足以支付 3 万元的中标服务费。

为防止恶意竞单，对竞得单数进行限制，如果某队已竞得单数>ROUND（3×该年竞得单总数/参赛队数），则不能继续竞单。

提请注意：

（1）ROUND 表示四舍五入。

（2）如某队已竞得单数= ROUND，则该队可以继续参与竞单。

（3）参赛队数指经营中的队伍数量，破产继续经营的也算在内，破产退出经营的则不算在内。

如某年竞单，共有 40 张订单，20 队（含破产继续经营）参与竞单，当 1 队已经得到 7 张订单，因为 7>ROUND（3× 40/20），所以不能继续竞单；如果已竞得单数为 6 张，则可以继续参与竞单。

2. 投标

参与投标的公司需要根据所投标的订单，在系统规定时间（90 秒，以倒计时秒形式显示）内填写总金额、交货期、账期 3 项内容，确认后由系统按照：

得分=100+（5–交货期）×2+应收账期–8×总金额/（该产品直接成本×数量）

以得分最高者中标。如果计算分数相同，则先提交者中标。

提请注意：

（1）总金额不能低于（可以等于）成本价，也不能高于（可以等于）成本价的 3 倍。

（2）必须为竞单留足时间，如在倒计时小于或等于 10 秒再提交，可能无效。

（3）竞得订单与选中订单一样，算作市场销售额。

（4）竞单时不允许紧急采购。

（5）破产队不可以参与投标竞单。

3. 竞拍界面（供参考）

（1）点开要参与竞拍的订单，设置竞价，填写竞拍总金额（在价格范围内的整数），选择交货期和账期，如图 2-1、图 2-2 所示。

竞单会进行中！

AA02参加第3年竞单会，当前回合剩余竞单时间为85秒

ID	订单编号	市场	产品	数量	ISO	状态	得单用户	总金额	交货期	账期
1	J001	本地	P1	3	9K	设置	-	-	-	-
2	J002	本地	P1	3	9K	设置	-	-	-	-
3	J003	本地	P2	3	14K	设置	-	-	-	-
4	J004	区域	P2	4	-	等待	-	-	-	-
5	J005	区域	P2	2	-	等待	-	-	-	-
6	J006	区域	P2	4	-	等待	-	-	-	-
7	J007	国内	P2	5	9K 14K	等待	-	-	-	-
8	J008	国内	P2	5	-	等待	-	-	-	-
9	J009	国内	P2	5	-	等待	-	-	-	-
10	J010	本地	P3	6	9K 14K	等待	-	-	-	-
11	J011	本地	P3	3	9K	等待	-	-	-	-
12	J012	本地	P3	6	9K 14K	等待	-	-	-	-

图 2-1 竞拍界面示意图

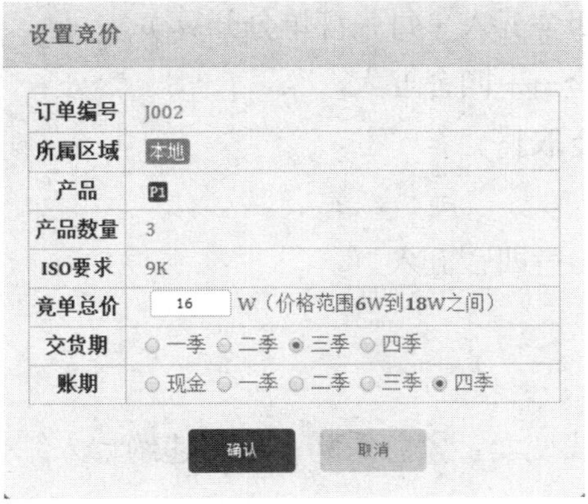

图 2-2 设置竞价示意图

（2）竞拍结果如图 2-3 所示。

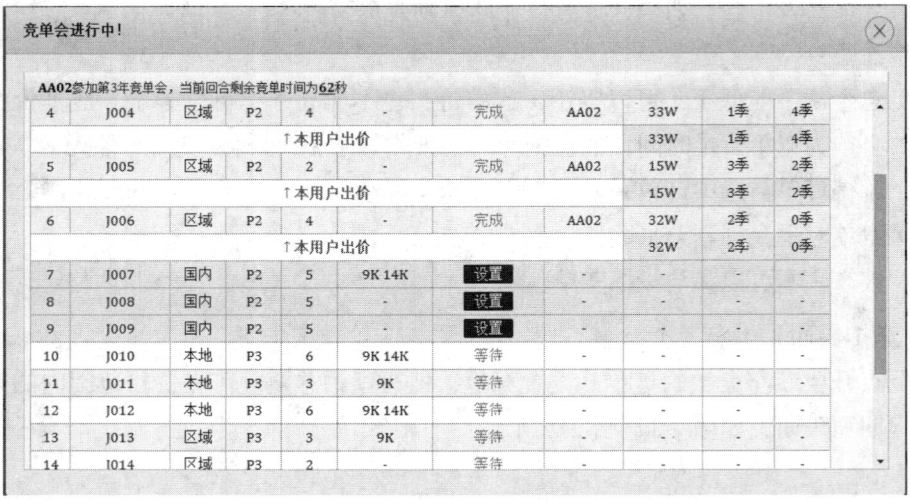
竞单会进行中！

AA02参加第3年竞单会，当前回合剩余竞单时间为62秒

4	J004	区域	P2	4	-	完成	AA02	33W	1季	4季
↑本用户出价								33W	1季	4季
5	J005	区域	P2	2	-	完成	AA02	15W	3季	2季
↑本用户出价								15W	3季	2季
6	J006	区域	P2	4	-	完成	AA02	32W	2季	0季
↑本用户出价								32W	2季	0季
7	J007	国内	P2	5	9K 14K	设置	-	-	-	-
8	J008	国内	P2	5	-	设置	-	-	-	-
9	J009	国内	P2	5	-	设置	-	-	-	-
10	J010	本地	P3	6	9K 14K	等待	-	-	-	-
11	J011	本地	P3	3	9K	等待	-	-	-	-
12	J012	本地	P3	6	9K 14K	等待	-	-	-	-
13	J013	区域	P3	3	9K	等待	-	-	-	-
14	J014	区域	P3	2	-	等待	-	-	-	-

图 2-3　竞拍结果示意图

（四）订单规则

1. 交货

订单必须在规定季交货，可以提前交货，但不可推后交货，推后交货即违约。

2. 账期

账期从交货期开始算起，应收款的收回由系统自动完成，不需要各队填写收回金额。

3. 违约

在订单规定交货季未交货，系统会收回订单，同时按照订单销售金额的 20%进行罚款。“罚款”在当年结束时扣除现金，罚款计入损失。

（五）取整规则

（1）违约金扣除——四舍五入（每张订单分开算）。

（2）库存拍卖所得现金——四舍五入。

（3）贴现费用——向上取整。

（4）扣税——四舍五入。

（5）长短期贷款利息——四舍五入。

（六）特殊费用项目

1. 损失

库存折价拍卖、生产线变卖、紧急采购、订单违约计入综合费用表“损失”项目中。

2. 融资

增减资计入股东资本或特别贷款（均不计算所得税）。

提请注意：增资只适用于破产队。

（七）系统参数（见图 2-4）

系统参数

违约金比例	20	%	贷款额倍数	3	倍
产品折价率	100	%	原料折价率	80	%
长贷利率	10	%	短贷利率	5	%
1，2期贴现率	10	%	3，4期贴现率	12.5	%
初始现金	60	W	管理费	1	W
信息费	1	W	所得税率	25	%
最大长贷年限	5	年	最小得单广告额	1	W
原料紧急采购倍数	2	倍	产品紧急采购倍数	3	倍
选单时间	50	秒	首位选单补时	25	秒
市场同开数量	2	个	市场老大	◉ 无 ○ 有	
竞单时间	90	秒	竞单同竞数	3	个

图 2-4　系统参数示意图

（1）每个市场每个产品选单时，第一个队选单时间为 75 秒，自第二个队起，选单时间为 50 秒。

（2）信息费为 1 万元/次/队，即交 1 万元可以查看一队的企业信息，交费企业以 Excel 表格的形式获得“被间谍”企业的详细信息（见图 2-5、图 2-6）。

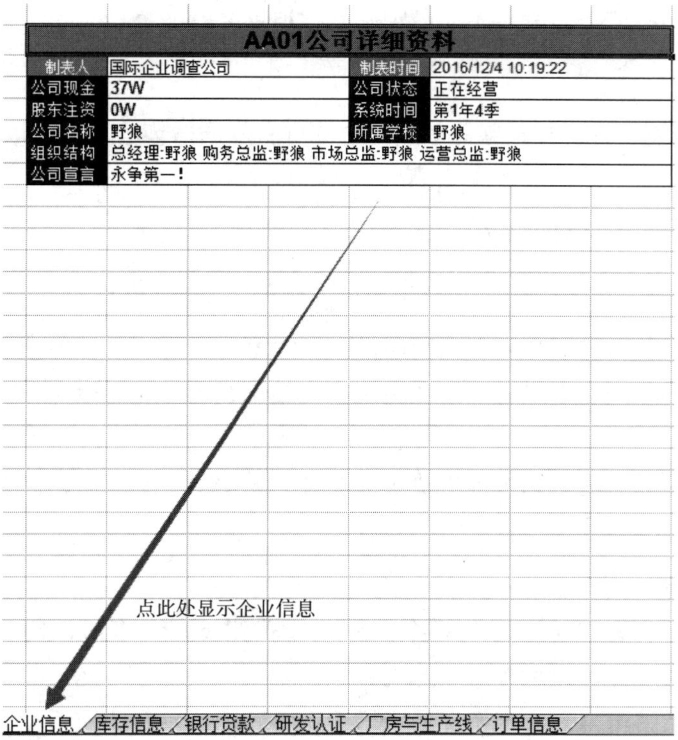

图 2-5　“被间谍”企业详细信息示意图（1）

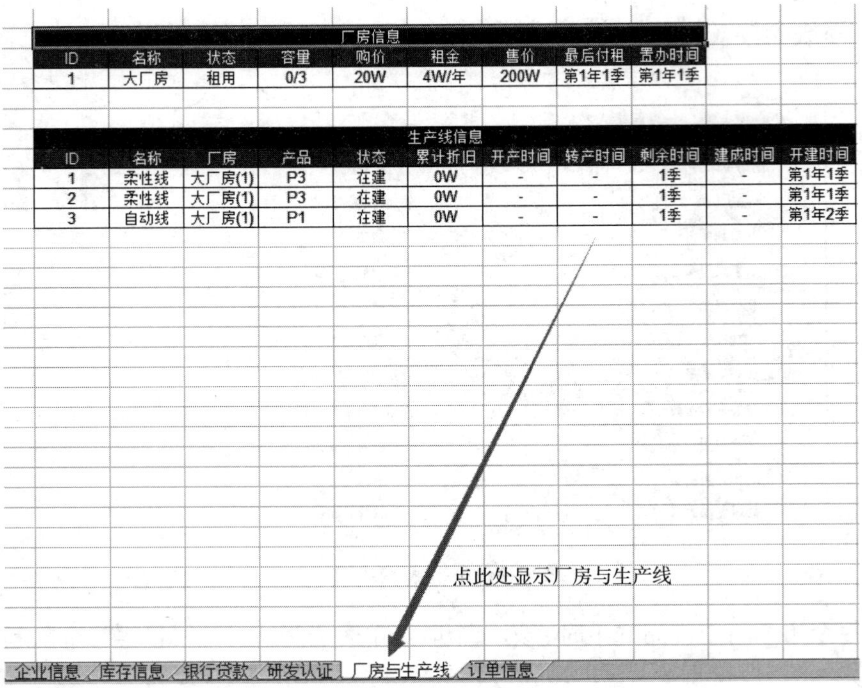

厂房信息								
ID	名称	状态	容量	购价	租金	售价	最后付租	置办时间
1	大厂房	租用	0/3	20W	4W/年	200W	第1年1季	第1年1季

生产线信息										
ID	名称	厂房	产品	状态	累计折旧	开产时间	转产时间	剩余时间	建成时间	开建时间
1	柔性线	大厂房(1)	P3	在建	0W	-	-	1季	-	第1年1季
2	柔性线	大厂房(1)	P3	在建	0W	-	-	1季	-	第1年1季
3	自动线	大厂房(1)	P1	在建	0W	-	-	1季	-	第1年2季

图 2-6 “被间谍”企业详细信息示意图（2）

（八）竞赛排名

按预先规定的经营年限完成企业模拟经营，根据各队的最后分数进行评分，分数高者为优胜者。

总成绩=所有者权益×（1+企业综合发展潜力/100）–罚分

企业综合发展潜力=生产线分值+厂房分值（购买）+
市场研发分值+ISO 资格认证分值+产品研发分值

提请注意：

（1）如有多支队伍分数相同，则按照第六年年末所有者权益排名高者在前，若第六年年末所有者权益仍相同，则最后一年在系统中先结束经营（而非指在系统中填制报表）者排名靠前。

（2）生产线建成（需缴纳过维护费）即加分，无须生产出产品，也无须有在制品。手工线、租赁线不加分。

（九）破产处理

当参赛队的所有者权益为负（指当年结束、系统生成资产负债表时为负）或现金断流时（所有者权益和现金可以为零），企业破产。

参赛队破产后，可由老师视情况适当增资，由破产的参赛队继续经营。此参赛队不参加有效排名。

任务二 “创业者”电子沙盘市场分析

一、市场预测

（一）市场均价预测表（见表 2-9）

表 2-9 市场均价预测表 单位：万元

序号	年份	产品	本地	区域	国内	亚洲	国际
1	第 2 年	P1	5.02	5.06	0	0	0
2	第 2 年	P2	7.03	7.26	0	0	0
3	第 2 年	P3	8.59	8.52	0	0	0
4	第 2 年	P4	10.82	10.7	0	0	0
5	第 3 年	P1	4.78	4.75	4.73	0	0
6	第 3 年	P2	6.8	6.83	0	0	0
7	第 3 年	P3	8.46	8.74	0	0	0
8	第 3 年	P4	0	9.78	9.78	0	0
9	第 4 年	P1	4.66	4.67	4.72	0	0
10	第 4 年	P2	6.51	0	0	6.47	0
11	第 4 年	P3	9.12	8.92	0	8.7	0
12	第 4 年	P4	9.69	9.97	9.92	0	0
13	第 5 年	P1	5.48	0	4.6	0	4.66
14	第 5 年	P2	6.49	6.59	6.58	6.89	0
15	第 5 年	P3	0	7.75	0	8.37	8.39
16	第 5 年	P4	8.77	8.93	0	9.21	0
17	第 6 年	P1	5.45	5.47	0	0	5.57
18	第 6 年	P2	7.4	0	7.38	0	7.3
19	第 6 年	P3	8.37	8.37	0	8.74	0
20	第 6 年	P4	0	9.27	10	0	9.58

（二）市场需求量预测表（见表 2-10）

表 2-10 市场需求量预测表 单位：个

序号	年份	产品	本地	区域	国内	亚洲	国际
1	第 2 年	P1	44	32	0	0	0
2	第 2 年	P2	29	39	0	0	0
3	第 2 年	P3	29	21	0	0	0
4	第 2 年	P4	17	20	0	0	0
5	第 3 年	P1	45	36	37	0	0
6	第 3 年	P2	35	36	0	0	0
7	第 3 年	P3	37	34	0	0	0

续表

序号	年份	产品	本地	区域	国内	亚洲	国际
8	第 3 年	P4	0	32	27	0	0
9	第 4 年	P1	50	46	36	0	0
10	第 4 年	P2	49	0	0	43	0
11	第 4 年	P3	33	36	0	33	0
12	第 4 年	P4	35	34	38	0	0
13	第 5 年	P1	50	0	52	0	44
14	第 5 年	P2	41	34	38	37	0
15	第 5 年	P3	0	48	0	41	31
16	第 5 年	P4	44	43	0	42	0
17	第 6 年	P1	55	49	0	0	54
18	第 6 年	P2	40	0	40	0	47
19	第 6 年	P3	46	43	0	43	0
20	第 6 年	P4	0	40	43	0	36

（三）市场订单数预测表（见表 2-11）

表 2-11　市场订单数预测表

单位：个

序号	年份	产品	本地	区域	国内	亚洲	国际
1	第 2 年	P1	13	11	0	0	0
2	第 2 年	P2	11	13	0	0	0
3	第 2 年	P3	11	8	0	0	0
4	第 2 年	P4	8	8	0	0	0
5	第 3 年	P1	13	11	12	0	0
6	第 3 年	P2	11	11	0	0	0
7	第 3 年	P3	12	11	0	0	0
8	第 3 年	P4	0	10	10	0	0
9	第 4 年	P1	14	12	11	0	0
10	第 4 年	P2	15	0	0	12	0
11	第 4 年	P3	10	11	0	10	0
12	第 4 年	P4	11	11	11	0	0
13	第 5 年	P1	13	0	14	0	12
14	第 5 年	P2	11	10	11	10	0
15	第 5 年	P3	0	13	0	11	9
16	第 5 年	P4	12	12	0	11	0
17	第 6 年	P1	14	12	0	0	12
18	第 6 年	P2	11	0	11	0	12
19	第 6 年	P3	12	9	0	12	0
20	第 6 年	P4	0	10	11	0	9

二、市场预测分析

（一）市场预测净价表（见表 2-12）

表 2-12 市场预测净价表 单位：万元

序号	年份	产品	本地	区域	国内	亚洲	国际
1	第 2 年	P1	3.02	3.06			
2	第 2 年	P2	4.03	4.26			
3	第 2 年	P3	4.59	4.52			
4	第 2 年	P4	5.82	5.7			
6	第 3 年	P1	2.78	2.75	2.73		
7	第 3 年	P2	3.8	3.83			
8	第 3 年	P3	4.46	4.74			
9	第 3 年	P4		4.78	4.78		
10	第 4 年	P1	2.66	2.67	2.72		
11	第 4 年	P2	3.51			3.47	
12	第 4 年	P3	5.12	4.92		4.7	
13	第 4 年	P4	4.69	4.97	4.92		
14	第 5 年	P1	3.48		2.6		2.66
15	第 5 年	P2	3.49	3.59	3.58	3.89	
16	第 5 年	P3		3.75		4.37	4.39
17	第 5 年	P4	3.77	3.93		4.21	
18	第 6 年	P1	3.45	3.47			3.57
19	第 6 年	P2	4.4		4.38		4.3
20	第 6 年	P3	4.37	4.37		4.74	
21	第 6 年	P4		4.27	5		4.58

（二）每组年分配数量表（见表 2-13）

表 2-13 每组年分配数量表

产 品	本地（个）	区域（个）	国内（个）	亚洲（个）	国际（个）	均价（万元）	订单均量（个）	年分配数量（个）
P1	44	32				4.8	1	（破产组）
P2	29	39				4.3	1	
P3	29	21				3.1	1	
P4	17	20				2.3	1	
此组年分配数量合计（四舍五入取整数）								15
P1	45	36	37			7.4	1	（破产组）
P2	35	36				4.4	1	
P3	37	34				4.4	1	
P4		32	27			3.7	1	
此组年分配数量合计（四舍五入取整数）								20
P1	50	46	36			8.3	1	（破产组）
P2	49			43		5.8	1	
P3	33	36		33		6.4	1	

续表

产　品	本地（个）	区域（个）	国内（个）	亚洲（个）	国际（个）	均价（万元）	订单均量（个）	年分配数量（个）
P4	35	34	38			6.7	1	
此组年分配数量合计（四舍五入取整数）								27
P1	50		52		44	9.1	1	（破产组）
P2	41	34	38	37		9.4	1	
P3		48		41	31	7.5	1	
P4	44	43		42		8.1	1	
此组年分配数量合计（四舍五入取整数）								34
P1	55	49			54	9.9	1	（破产组）
P2	40		40		47	7.9	1	
P3	46	43		43		8.3	1	
P4		40	43		36	7.4	1	
此组年分配数量合计（四舍五入取整数）								34

每组市场总需求走势，如图 2-7 所示。

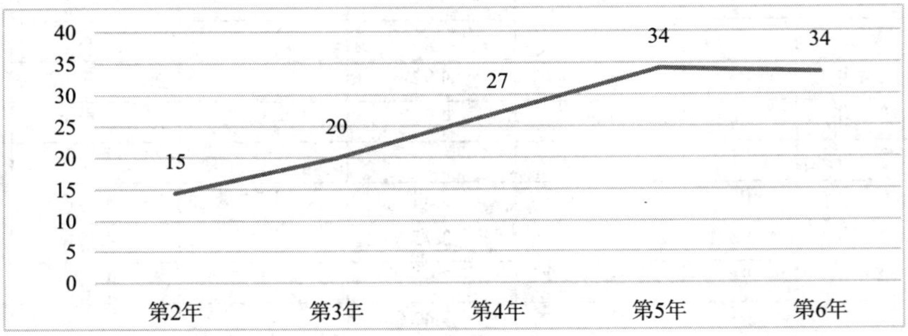

图 2-7　每组市场总需求走势

（三）产品总体加权平均利润走势（见图 2-8）

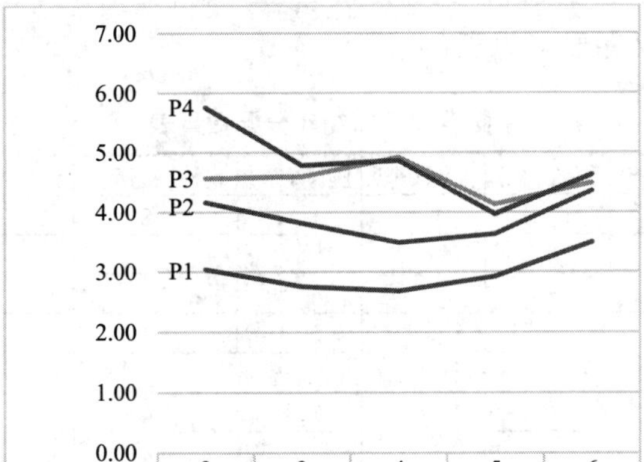

	2	3	4	5	6
P1	3.04	2.76	2.68	2.92	3.50
P2	4.16	3.82	3.49	3.63	4.36
P3	4.56	4.59	4.91	4.13	4.49
P4	5.76	4.78	4.86	3.97	4.63

图 2-8　产品总体加权平均利润走势

任务三 “创业者”电子沙盘运营流程

一、创建模拟企业

（一）组建高效的团队

在 ERP 沙盘对抗实训中，将所有的学员分成若干个队。团队是指由少数有互补技能，愿意为了共同的目的、业绩目标和方法而相互承担责任的人们组成的群体。在每个团队中，各学员分别担任重要职位，包括总经理、财务总监、市场总监、生产总监和采购总监等。在经营过程中，团队的合作是必不可少的。要想打造一支高效的团队，应注意以下几点。

第一，有共同目标。团队成员必须共同发展，并且要共同完成一个目标，这个目标可以使每个团队成员向相同的方向努力，能够激发每个团队成员的积极性，并且使其行动一致。团队成员要将总体目标分解为具体的、可度量的、可行的行动目标。这些具体的目标和总体目标要紧密结合，并且要根据情况随时进行相应的修正。例如，团队成员确定了自己六年发展的总目标，还要分解到每年和每季度具体如何运营。

第二，确保团队成员具有互补的能力。一个团队必须要发展成一个完善的能力组合，例如，担任财务总监职务的成员就要比较细心，对财务的相关知识有一定的了解，而担任总经理职务的成员就应该具备比较强的协调能力和组织能力等。

第三，有一位团队型领导。在模拟企业经营过程中需要做出各种决策，这就需要总经理能够统领全局，协调各部门之间的关系，充分调动起每个成员的积极性，还要能够做出正确的决策。要成为一个高效、统一的团队，团队领导就必须学会在缺乏足够的信息和统一意见的情况下及时做出决定，果断的决策机制往往是以“牺牲”民主和不同意见为代价而获得的。对于团队领导而言，最难做到的莫过于避免被团队内部虚伪的和谐气氛所误导，并采取种种措施，努力引导和鼓励适当的、有建设性的良性冲突，将被掩盖的问题和不同意见摆到桌面上，通过讨论和合理决策将其加以解决，否则的话，将对模拟企业的发展造成巨大的影响。

第四，履行好各自的责任。各学员应该按照自己的职位职责开展经营活动，而且应该把自己的工作做好。例如，采购总监应该负责原料的采购，如果出现差错，直接会影响产品的生产，而生产的产品数量又影响交单的情况。所以一个小环节的疏漏，可能会导致模拟企业满盘皆输。

此外，作为团队中的一员，首先要尊重别人。法国哲学家罗西法古曾说过：“如果你要得到仇人，就表现得比你的朋友优越；如果你要得到朋友，就要让你的朋友表现得比你优越。”当我们让朋友表现得比我们优越时，他们就会有一种被肯定的感觉；但是当我们表现得比他们优越时，他们就会产生一种自卑感，甚至对我们产生敌视情绪。因为谁都会强烈维护自己的形象和尊严，因此我们要给予对方充分的尊重。其次要能够接受批评，从批评中寻找积极的成分。如果团队成员对你的错误大加抨击，即使带有强烈的感情色彩，也不要与之争论不休，而要从积极的方面来理解他的抨击。这样，不但对你改正错误有帮助，也避免了双方语言敌对场面的出现。最后要善于交流。同在一个团队，我们与其他团队成员之间会存在某些差异，知识、能力、经历造成我们在看待和处理问题时，会产生不同的想法。交流是协调的开始，把自己的想法说出来，听对方的想法，我们要经常说这样一句话："你看这事该怎么办，我想听听你的看法。"总之，作为一名团队成员，应该做到坦诚而不轻率、谨慎而不拘泥、活泼而不轻浮、豪爽而不粗俗，一定要和其他团队成员融洽相处，提高自己团队作战的能力。

（二）职能定位

在模拟企业中，主要设置 5 个基本职能部门（可根据学员人数适当调整），其主要职位、职责如表 2-14 所示。各组学员可以根据自己的专长选择不同的职能部门，当人数较多时，可设置助理职位，如财务助理等。确定好职能后，应按表 2-14 所示重新"落座"。

表 2-14　各职位、职责明细表

总经理	财务总监	市场总监	生产总监	采购总监
制定发展战略	日常财务记账和登账	市场调查分析	产品研发管理	编制采购计划
分析竞争格局	向税务部门报税	制定市场进入策略	管理体系认证	与供应商谈判
确定经营指标	提供财务报表	制定品种发展策略	固定资产投资	签订采购合同
制定业务策略	管理日常现金	制定广告宣传策略	编制生产计划	监控采购过程
管理全面预算	制定企业融资策略	制订销售计划	平衡生产能力	负责仓储管理
管理团队协同	控制成本费用	争取订单	生产车间管理	采购支付抉择
分析企业绩效	资金调度与风险管理	按时交货	成品库存管理	与财务部协调
管理授权与总结	财务分析	分析销售绩效	产品外协管理	与生产部协调

二、设定模拟企业目标和建立企业文化

（一）公司命名

在公司成立后，每个团队要召开第一次员工大会，大会由总经理主持。在这次会议中要为自己组建的公司命名。公司名称对一个企业将来的发展而言至关重要，因为公司名称不仅关系企业在行业内的影响力，还关系企业所经营的产品投放市场后，消费者对本企业的认可度；品牌名称或公司名称符合行业特点、有深层次的文化底蕴，又是广大消费者熟知的、再也找不到第二名称时，企业的竞争力就明显区别于行业内的其他企业了，为打造知名品牌奠定了基础。因此，各小组要集思广益，为自己的公司起一个响亮的名字。

（二）确定企业使命

企业使命英文表示为 mission，在企业远景的基础之上，具体地定义企业在全社会经济领域中所经营的活动范围和层次，具体地表述企业在社会经济活动中的身份或角色。它包括的内容为企业的经营哲学、企业的宗旨和企业的形象。在第一次员工大会上，学员还要集体讨论确定企业的宗旨。

（三）总经理就职演讲

讨论结束后，由总经理代表自己的公司进行就职演讲，阐述自己公司的使命与目标等，为企业下一步的经营管理打下良好的基础。

三、模拟企业运营实录

（一）“创业者”电子沙盘运营流程

以 AA01 组为例，“创业者”电子沙盘运营流程包括表 2-15 至表 2-26 内容，进行前三年操作说明。

1. 第一年运营表

表 2-15 现金预算表 单位：万元

	第 1 季度	第 2 季度	第 3 季度	第 4 季度
年初库存现金	60			
支付上年应缴税				
市场广告投入				
支付长贷利息				
申请长期贷款				
季初盘点	60	42	19	26
短期贷款还本付息				
申请短期贷款			29	29
原料入库				
购买、租用厂房	5			
生产线投资	10	20	20	20
转产费用				
开始下一批生产				
应收款前余额	45	22	28	35
应收款到期				
产品研发投资	2	2	1	1
购买、租用厂房（续租）				
支付管理费用	1	1	1	1

续表

	第 1 季度	第 2 季度	第 3 季度	第 4 季度
市场开拓投资				5
ISO 资格投资				3
支付设备维护费				
库存现金余额	42	19	26	25

表 2-16　综合费用表　　单位：万元

项　目	金　额
管理费	4
广告费	
设备维护费	
损失	
转产费	
厂房租金	5
新市场开拓	5
ISO 资格认证	3
产品研发	6
信息费	
合　计	23

表 2-17　利润表　　单位：万元

项　目	金　额
销售收入	
直接成本	
毛利	
综合费用	23
折旧前利润	–23
折旧	
支付利息前利润	–23
财务费用	
税前利润	–23
所得税	
年度净利润	–23

表 2-18　资产负债表　　单位：万元

项　目	金　额	项　目	金　额
现金	25	长期负债	
应收款		短期负债	58
在制品		应缴所得税	
产成品		—	
原料		—	
流动资产合计	25	负债合计	58
厂房		股东资本	60
生产线		利润留存	
在建工程	70	年度净利润	–23
固定资产合计	70	所有者权益合计	37
资产总计	95	负债和所有者权益总计	95

注：库存折价销售、生产线变卖、紧急采购、订单违约计入损失。每年经营结束后，请将此表交到裁判处核对。

2. 第二年运营表（见表 2-19 至表 2-22）

表 2-19 现金预算表 单位：万元

	第 1 季度	第 2 季度	第 3 季度	第 4 季度
年初库存现金	25			
支付上年应缴税				
市场广告投入	10			
支付长贷利息				
申请长期贷款				
季初盘点	15	26	37	34
短期贷款还本付息			30	30
申请短期贷款	29	24	29	29
原料入库	8	8	8	8
购买、租用厂房				
生产线投资				
转产费用				
开始下一批生产	4	4	4	4
应收款前余额	32	38	24	21
应收款到期			11	18
产品研发投资				
购买、租用厂房（续租）	5			
支付管理费用	1	1	1	1
市场开拓投资				3
ISO 资格投资				3
支付设备维护费				8
库存现金余额	26	37	34	24

表 2-20 综合费用表 单位：万元

项 目	金 额
管理费	4
广告费	10
设备维护费	8
损失	
转产费	
厂房租金	5
新市场开拓	3

表 2-21 利润表 单位：万元

项 目	金 额
销售收入	83
直接成本	36
毛利	47
综合费用	33
折旧前利润	14
折旧	
支付利息前利润	14

续表

项　目	金　额	项　目	金　额
ISO 资格认证	3	财务费用	2
产品研发		税前利润	12
信息费		所得税	
合　计	33	年度净利润	12

表 2-22　资产负债表　　单位：万元

项　目	金　额	项　目	金　额
现金	24	长期负债	
应收款	54	短期负债	111
在制品	12	应缴所得税	
产成品		—	
原料		—	
流动资产合计	90	负债合计	111
厂房		股东资本	60
生产线	70	利润留存	–23
在建工程		年度净利润	12
固定资产合计	70	所有者权益合计	49
资产总计	160	负债和所有者权益总计	160

注：库存折价销售、生产线变卖、紧急采购、订单违约计入损失。每年经营结束后，请将此表交到裁判处核对。

3. 第三年运营表（见表 2-23 至表 2-26）

表 2-23　现金预算表　　单位：万元

	第 1 季度	第 2 季度	第 3 季度	第 4 季度
年初库存现金	24			
支付上年应缴税				
市场广告投入	16			
支付长贷利息				
申请长期贷款	34			
季初盘点	42	56	65	51
短期贷款还本付息	30	25	30	30
申请短期贷款	29	26	29	29
原料入库	8	8	8	8
购买、租用厂房				
生产线投资				

续表

	第 1 季度	第 2 季度	第 3 季度	第 4 季度
转产费用				
开始下一批生产	4	4	4	4
应收款前余额	29	45	52	38
应收款到期	33	21		
产品研发投资				
购买、租用厂房（续租）	5			
支付管理费用	1	1	1	1
市场开拓投资				2
ISO 资格投资				
支付设备维护费				8
库存现金余额	56	65	51	27

表 2-24　综合费用表　　单位：万元

项　目	金　额
管理费	4
广告费	16
设备维护费	8
损失	
转产费	
厂房租金	5
新市场开拓	2
ISO 资格认证	
产品研发	
信息费	
合　计	35

表 2-25　利润表　　单位：万元

项　目	金　额
销售收入	104
直接成本	48
毛利	56
综合费用	35
折旧前利润	21
折旧	14
支付利息前利润	7
财务费用	4
税前利润	3
所得税	
年度净利润	3

表 2-26　资产负债表　　单位：万元

项　目	金　额	项　目	金　额
现金	27	长期负债	34
应收款	104	短期负债	113
在制品	12	应缴所得税	
产成品		—	
原料		—	
流动资产合计	143	负债合计	147
厂房		股东资本	60

续表

项　目	金　额	项　目	金　额
生产线	56	利润留存	–11
在建工程		年度净利润	3
固定资产合计	56	所有者权益合计	52
资产总计	199	负债和所有者权益总计	199

注：库存折价销售、生产线变卖、紧急采购、订单违约计入损失。每年经营结束后，请将此表交到裁判处核对。

（二）“创业者”电子沙盘操作介绍

1. “创业者”电子沙盘整体界面（见图2-9）

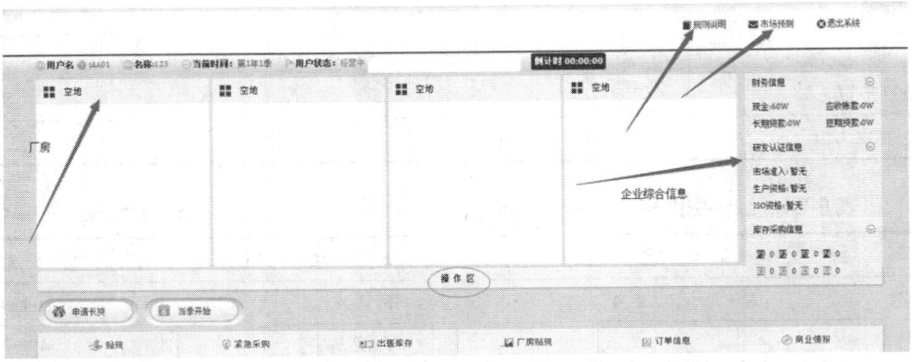

图2-9　“创业者”电子沙盘整体界面

2. 申请长期贷款界面

申请长期贷款只能在每年年初进行，点开此项，会显示图2-10所示界面，最大贷款额度表明可以申请的最高贷款额度，可以根据企业发展规划选择申请年限，只能是整数年。

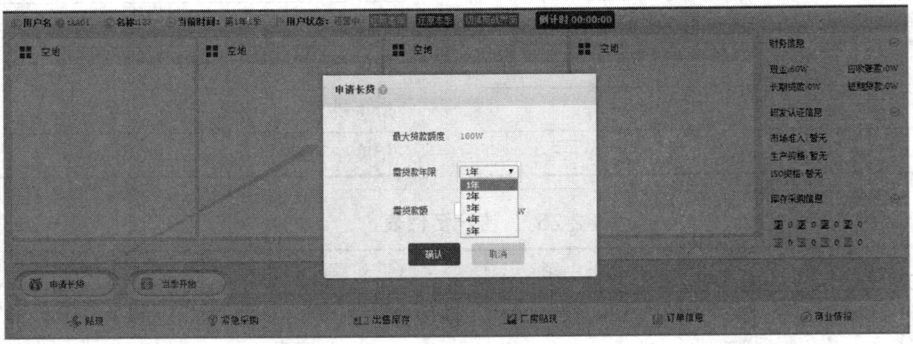

图2-10　“申请长贷”界面

3. “当季开始”

点开“当季开始”，代表模拟企业在本季度开始运营，才可以进行相应的操作，如图2-11所示。

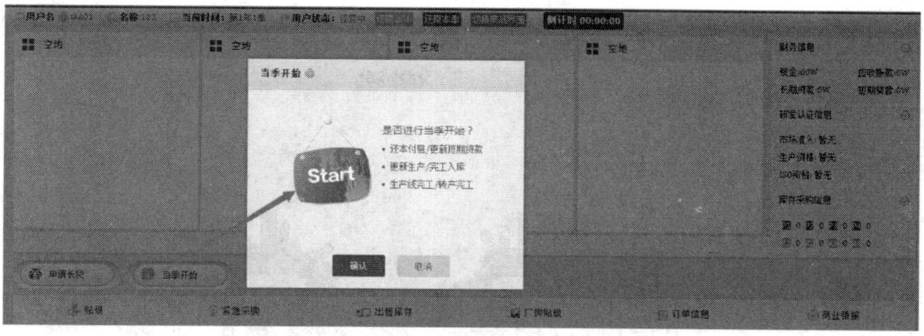

图 2-11 "当季开始"操作示意图

4. 申请短期贷款

每个季度初都可以申请短期贷款（见图 2-12），最大贷款额度表明可以申请的最高贷款额度，短期贷款期限系统固定为一年。例如，第一年第一季度申请短期贷款，则第二年第一季度初必须还本付息，否则无法往下进行操作。

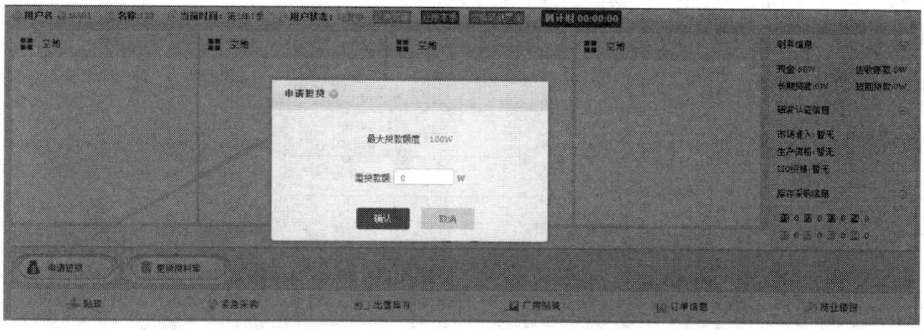

图 2-12 "申请短贷"操作示意图

5. 更新、订购原料

"更新原料"界面，会显示模拟企业当季原料现付金额，如图 2-13 所示。

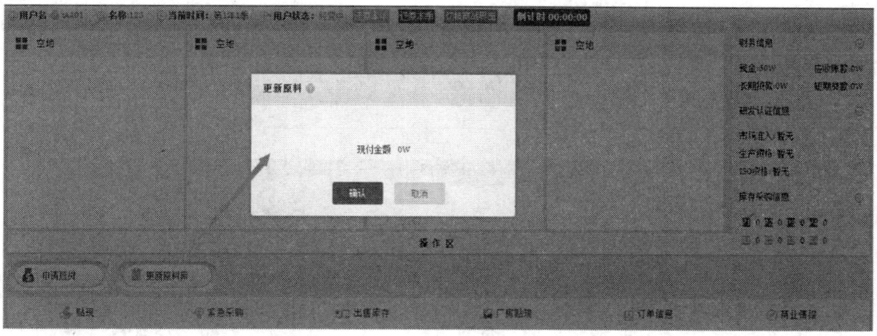

图 2-13 "更新原料"操作示意图

订购原料，可以根据模拟企业经营的需要进行提前订购，点开"订购原料"显示如图 2-14 所示界面，可以填制原料订购的数量，然后点"确定"即订购成功。

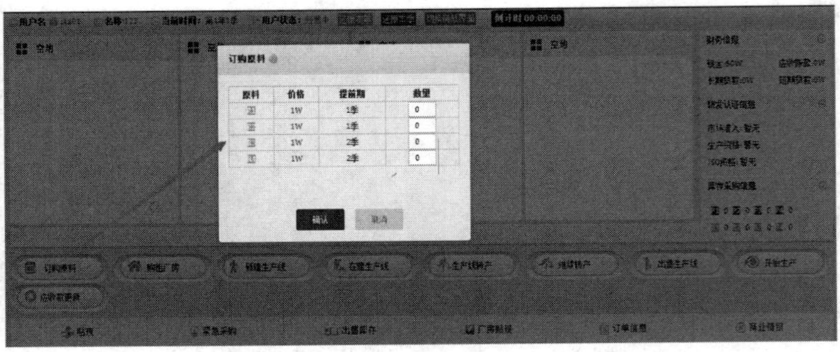

图 2-14 “订购原料”操作示意图

6. 购买、租用厂房

模拟企业每季度都可以购买或租用厂房，点开“购租厂房”，出现如图 2-15 所示界面，可以根据模拟企业的需要选择厂房类型（大厂房、中厂房、小厂房），以及订购方式等，厂房容量不同即容纳生产线的数量不同。

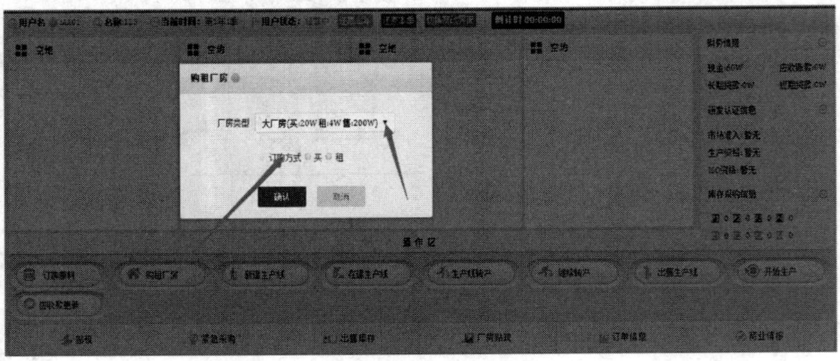

图 2-15 “购租厂房”操作示意图

7. 新建生产线操作及完成状态

厂房订购成功，会在系统界面上显示，然后点开“新建生产线”（见图 2-16），可以选择生产线安置在哪个厂房、生产线类型、生产线固定生产什么类型的产品。

生产线完成状态，如图 2-17 所示。

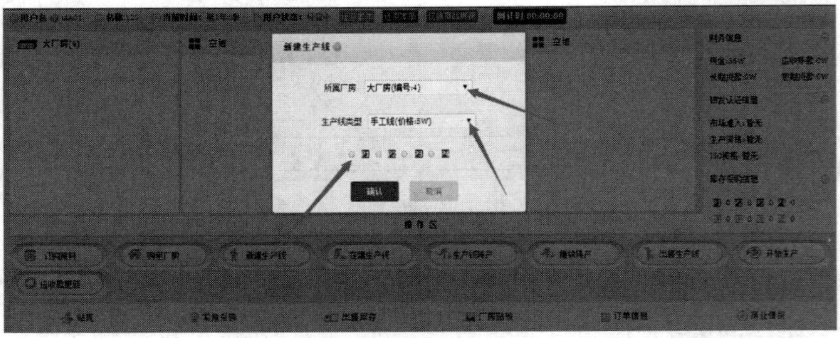

图 2-16 新建生产线操作示意图

图 2-17 生产线完成状态示意图

8. “应收款更新”

“应收款更新”界面如图 2-18 所示，会显示本季度有多少应收款可以进账。更新完，前面的操作项目就不可以再进行操作了，所以一定要在进行此项操作前，与财务人员进行信息核对。

图 2-18 “应收款更新”操作示意图

9. 按订单交货

按订单交货，即企业生产完产品，要进行手动交单，系统不会自己进行订单交易（见图 2-19）。不按照规定季度交单（可以提前，但不可以推后）则视为违约，需要在年末支付违约金。

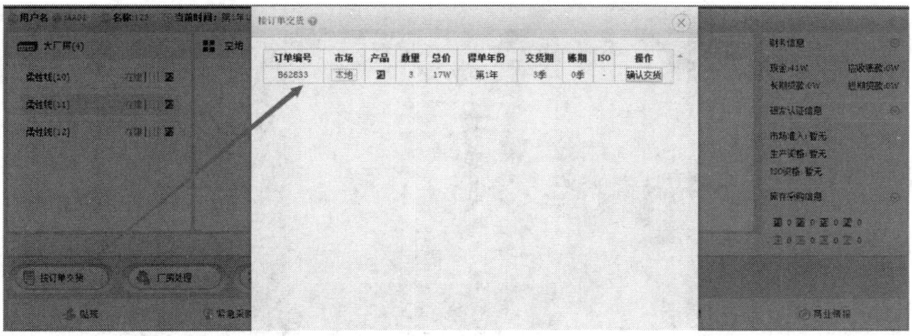

图 2-19 “按订单交货”操作示意图

10. 厂房处理

厂房处理是指租转买、退租等行为，企业根据自己的发展进行选择厂房的决策。厂房处理的有关操作如图 2-20 所示。

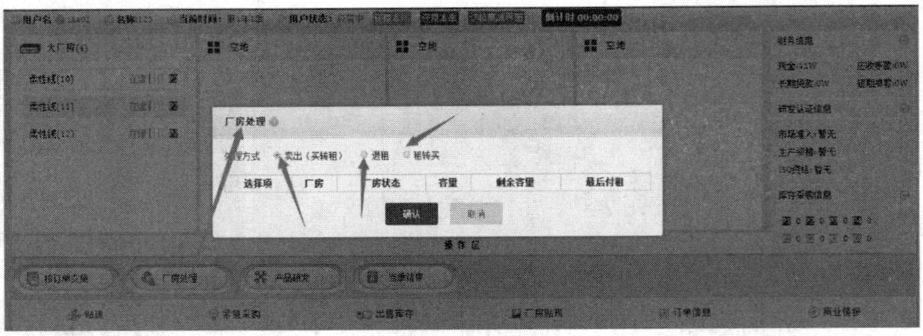

图 2-20 “厂房处理”操作示意图

11. 产品研发

“产品研发”操作示意图如图 2-21 所示，企业根据营销战略抉择来进行产品研发投资，在相应产品前的选择项勾选，然后点“确定”即可。

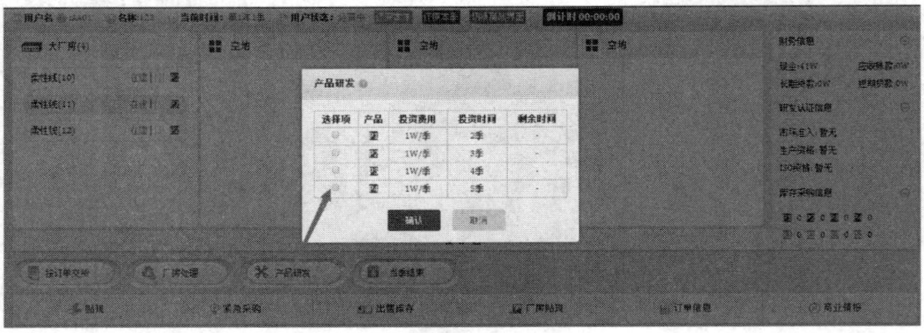

图 2-21 “产品研发”操作示意图

12. “当季结束”

“当季结束”是指本季度进行封账处理，其界面如图 2-22 所示，会扣除企业管理费用等。点“确定”后，企业会进入下一季度经营初始状态。

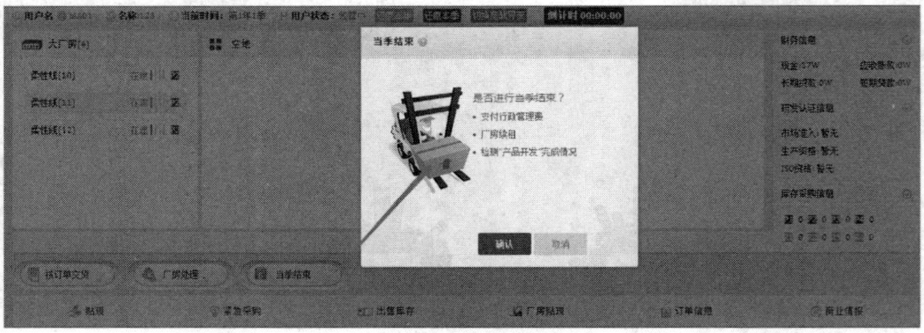

图 2-22 “当季结束”操作示意图

13. 在建生产线

在建生产线是指对未投资完的生产线进行继续投资，点开“在建生产线”如图 2-23 所示，在复选框进行勾选，点“确定”则完成本季度生产线投资活动。

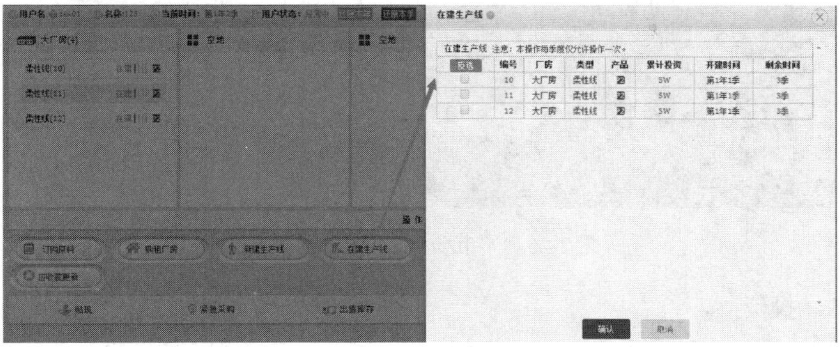

图 2-23 “在建生产线”操作示意图

14. 申请短期贷款及完成状态

“申请短贷”界面，如图 2-24 所示，如果企业成功申请短期贷款，则在财务信息有关界面，会显示申请的额度等信息（见图 2-25）。

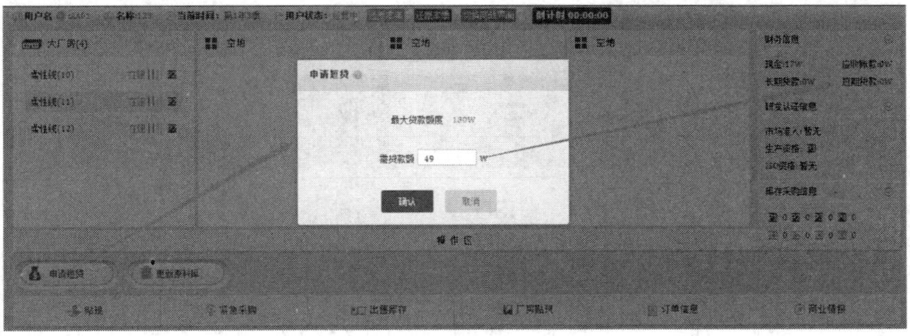

图 2-24 申请短期贷款操作示意图

图 2-25 申请短期贷款完成状态示意图

15. 市场开拓

生产制造企业以市场销售为王，市场开拓就是进行市场研发投资，开发完成后领取相应的市场资格证书，可以准入市场销售产品。“市场开拓”界面如图 2-26 所示。

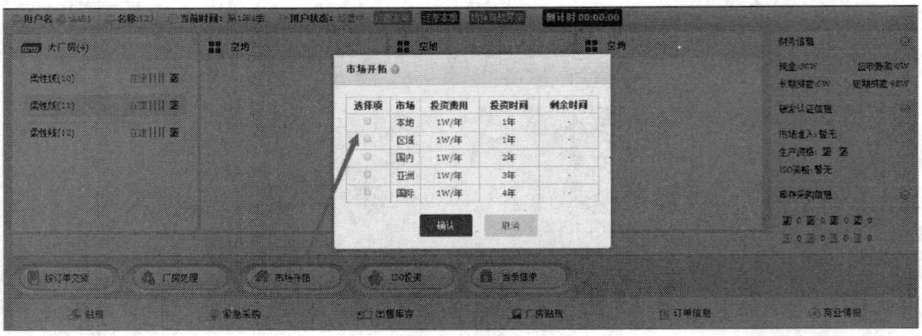

图 2-26　“市场开拓”操作示意图

16. ISO 投资

对于 ISO 投资，可以根据企业发展规划进行选择，一切以客户的订单要求为最高标准。ISO 投资的有关操作如图 2-27 所示。

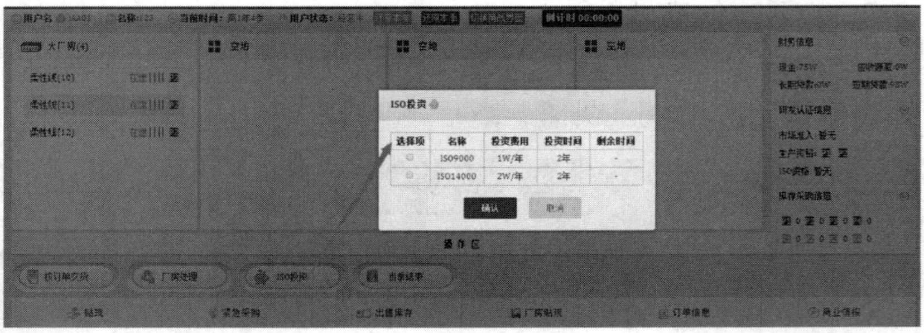

图 2-27　“ISO 投资”操作示意图

17. “当年结束”

点开“当年结束”打开“当年结束”界面（见图 2-28），扣除管理费用、设备维护费、违约金等，即企业本年度封账。

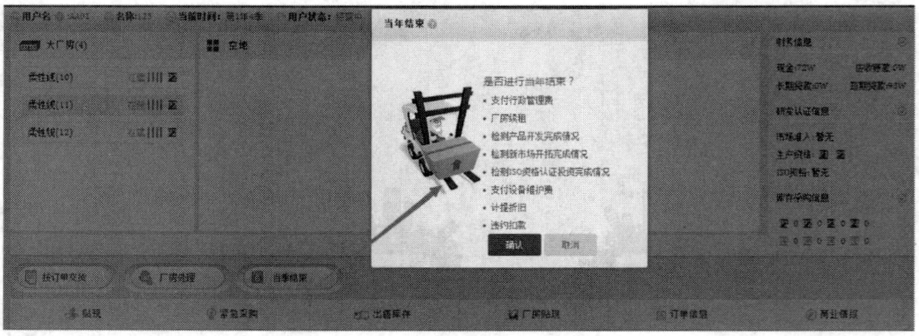

图 2-28　“当年结束”操作示意图

18. 填写报表

填写报表时，所有报表中的项目必须填写无误。综合费用表如图 2-29 所示，通过综合费用表可以得知本年度企业综合费用总额，审查企业综合费用是否合理，采取措施进行开源节流，提高企业利润。

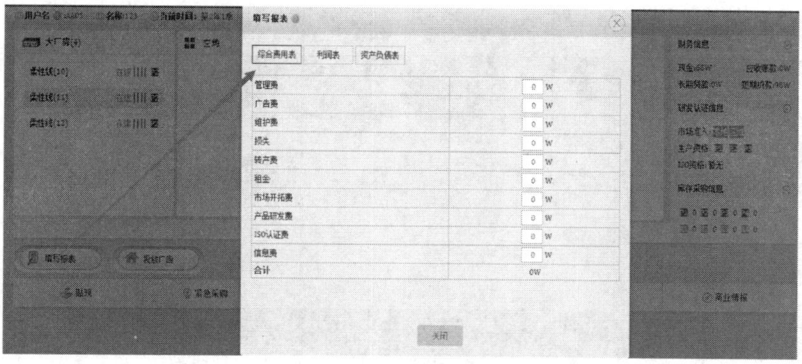

图 2-29 “综合费用表”填写示意图

利润表如图 2-30 所示，利润表可以核算出本年度盈利情况，审查及分析影响利润的因素，采取措施进行开源节流，提高企业利润。

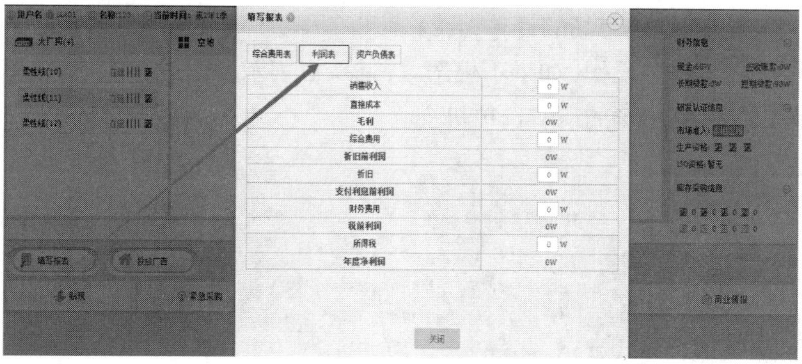

图 2-30 “利润表”填写示意图

资产负债表显示企业资产、负债及所有者权益的整体情况，可以分析并采取措施，合理筹资，提高筹资的效益，发挥财务的杠杆作用。资产负债表的填写如图 2-31 所示。

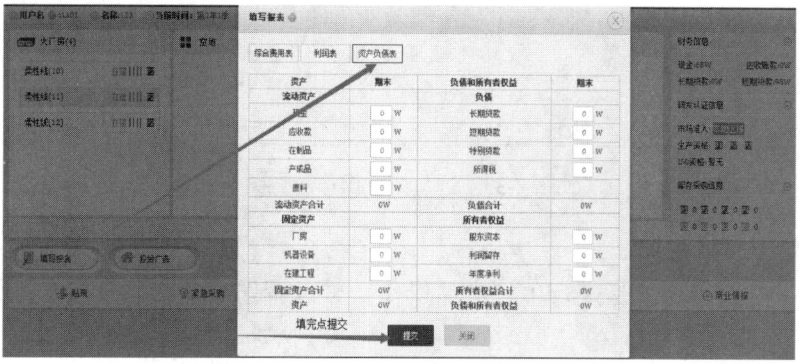

图 2-31 “资产负债表”填写示意图

19. 投放广告

市场开拓成功后，则代表公司有资格进入市场销售产品。为了拿到订单，需要在市场投放广告，相关操作如图 2-32 所示。

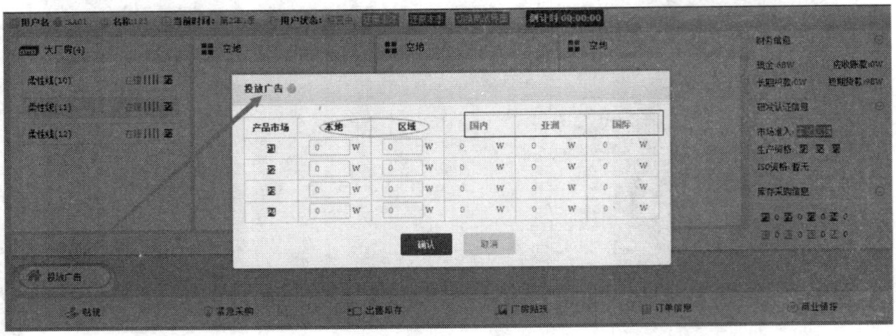

图 2-32 “投放广告”操作示意图

20. 选单情况

投放广告后，裁判统一开放订货，切记要点开相应的市场才会如图 2-33 显示。例如，点开“本地”才会出现本地市场的订单情况；点开“区域”才会出现区域市场的订单情况。箭头 1 表示可以进行选单操作，如果不想选单，箭头 2 表示可以放弃选单，一旦选择放弃，则代表放弃该产品在该市场的所有选单机会。

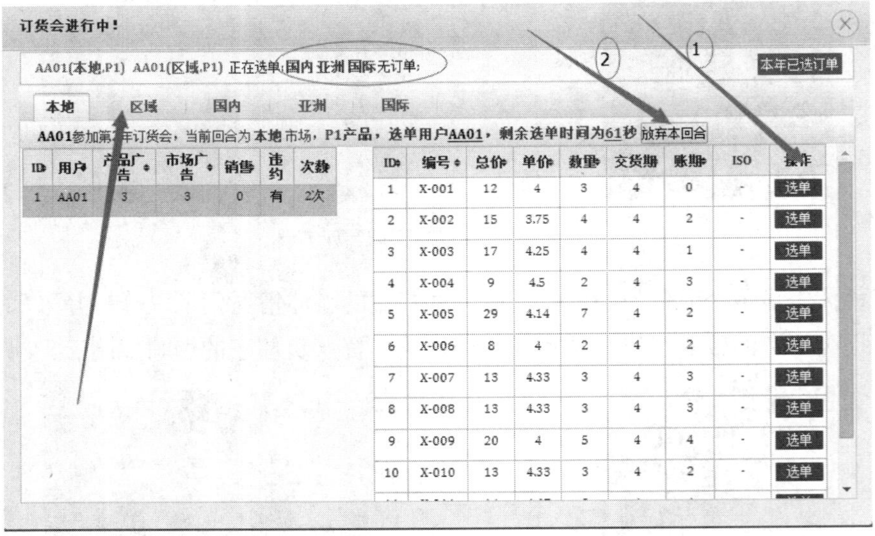

图 2-33 选单情况操作示意图

21. 开始下一批生产

开始下一批生产，就是进行生产产品操作，可以看作加工产品。有关操作如图 2-34 所示。

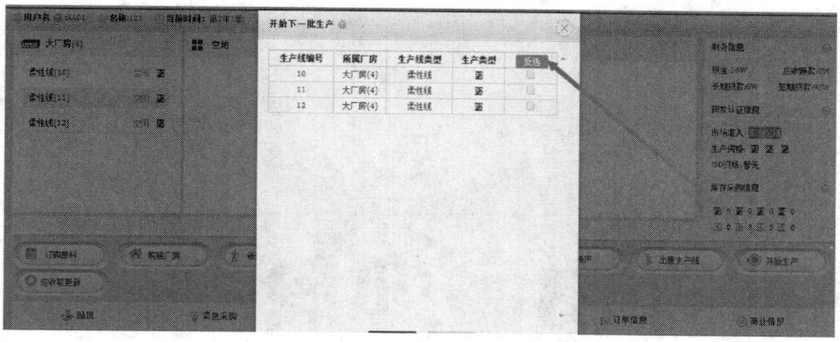

图 2-34　“开始下一批生产”操作示意图

（三）评定实训成绩

实训结束后，每个小组都会有一个实训成绩，按照总成绩的排名来确定实训成果，但是实训成果并不能充分反映学生的真实学习情况。虽然有的组破产了，但是在模拟企业运营的过程中，小组成员可能一直积极参与，从实训过程中领悟到很多企业经营的真谛，所以下面给出一种较为科学的成绩评定方式，以供参考。

实训课成绩=实训成果（60%）+学生表现（10%）+总结（30%）

1. 实训成果

在此次实训中，可以把学员分成若干个小组，每个小组有 5～6 名成员，分别代表不同的公司，每个小组的成员分别担任公司中的重要职位：总经理、财务总监、市场总监、生产总监和采购总监。如果成员为 6 名，还可以设置财务助理等职务。各公司属于同一行业的竞争者，初始资源相同，大家在相同的竞争环境下进行一番真正的较量。最后根据企业的所有者权益、综合发展潜力等对各个企业进行综合排名，得出实训成果。

实训成果=所有者权益×（1+企业综合发展潜力/100）–罚分

企业综合发展潜力的计算方法参见本项目任务一“‘创业者’电子沙盘规则解析”。

2. 学生表现

各企业中的成员的岗位分工是否明确、成员是否各司其职、团队合作程度、每个成员的参与程度和出勤率，以及各种表格（如运营表、综合费用表、利润表、资产负债表、现金预算表等）的填写，都可以作为学生表现的评价依据。每个企业内部评选出最佳员工，可以在学生表现这部分进行加分。

3. 总结

总结包括个人总结和团队总结。个人总结是实训结束后每个同学上交的一份实训报告，总结这几天自己的表现、体会，自己在企业中所起的作用，以及通过企业模拟经营的运作对哪些理论知识有了进一步的体会。团队总结是以团队形式上交的一份 PPT，在全班总结时由团队代表向全班同学进行讲解和分享，主要分享的内容包括本企业的企业文化、成员构成、整体战略、广告策略、市场定位、企业运营得失等。

项目三

“商战”电子沙盘

任务一　“商战”电子沙盘规则解析

一、“商战”电子沙盘基本规则

表 3-1 至表 3-8 分别列示了生产线基本规则、生产线折旧规则、厂房规则、融资规则、市场准入规则、ISO 资格认证规则、产品规则、原料规则。

表 3-1　生产线基本规则

类　型	购置费（万元）	安装周期（季）	生产周期（季）	总转产费（万元）	转产周期（季）	维护费（万元/年）	折旧时间（年）	残值（万元）	分值（分）
手工线	35	0	2	0	0	5	4	5	4
租赁线	0	0	1	20	1	65	无	–85	0
自动线	150	3	1	20	1	15	5	30	8
柔性线	200	4	1	0	0	20	5	40	10

注意事项：

（1）安装周期为 0，表示即买即用。

（2）计算投资总额时，若安装周期为 0，则按 1 计算。

（3）不论何时出售生产线，当价格为残值时，净值与残值之差计入损失。

（4）只有空生产线方可转产。

（5）当年建成的生产线需要缴纳维护费。

（6）每季度都可以购买、租赁生产线，租赁生产线退租残值是–85 万元，直接扣除企业现金，计入综合费用表“损失”项目内，不再扣除维护费。

表 3-2　生产线折旧规则　　单位：万元

类　型	购置费	残　值	建成第 1 年	建成第 2 年	建成第 3 年	建成第 4 年	建成第 5 年
手工线	35	5	0	10	10	10	0
自动线	150	30	0	30	30	30	30
柔性线	200	40	0	40	40	40	40

注意事项：

（1）折旧（采用平均年限法）：建成当年不计提折旧。

（2）当净值等于残值时，生产线不再计提折旧，但可以继续使用。

表 3-3　厂房规则

厂　房	买价（万元）	租金（万元/年）	售价（万元）	容量（条）	分值（分）
大厂房	440	50	440	5	10
中厂房	300	40	300	3	8
小厂房	180	20	180	2	7

注意事项：

厂房出售得到 4 个账期的应收款，在紧急情况下可进行厂房贴现，直接得到现金，如果厂房中有生产线，同时要扣租金。

表 3-4 融资规则

贷款类型	贷款时间	贷款额度	年 息	还款方式
长期贷款	每年年初	所有长贷和短贷之和不能超过上年权益的 3 倍	12%	年初付息，到期还本； 每次贷款额不小于 10 万元的整数倍
短期贷款	每季度初		7%	到期一次还本付息；每次贷款额不小于 10 万元的整数倍
资金贴现	任何时间	视应收款额	10%（第 1 季度、第 2 季度），12.5%（第 3 季度、第 4 季度）	变现时贴息，各账期独立贴现
库存拍卖	原料按 9 折，成品按成本价			

注意事项：

（1）长贷利息的计算方法：所有不同年份的长贷加总再乘以利率，然后进行四舍五入得出利息。

（2）短贷利息的计算方法：按每笔短贷分别计算，然后进行四舍五入得出利息。

表 3-5 市场准入规则

市 场	开发费（万元）	时间（年）	分值（分）
本地	10	1	7
区域	10	1	7
国内	10	2	8
亚洲	10	3	9
国际	10	4	10

注意事项：

（1）开发费用按开发时间在年末支付，不允许加速投资，但可中断投资。

（2）市场开发完成后，领取相应的资格证。

表 3-6 ISO 资格认证规则

认证类型	时间（年）	每年的费用（年）	分值（分）
ISO 9000	2	10	8
ISO 14000	2	15	10

注意事项：

（1）开发费用按开发时间在年末支付，不允许加速投资，但可中断投资。

（2）ISO 开发完成后，领取相应的资格证。

（3）无须缴纳维护费，可中途停止使用，也可继续拥有资格并在以后年份使用。

表 3-7 产品规则

名　　称	研发费用（万元）	研发周期（季）	加工费（万元）	直接成本（万元）	产品组成	分值（分）
P1	10	2	10	20	R1	7
P2	10	3	10	30	R2+R3	8
P3	10	4	10	40	R1+R3+R4	9
P4	11	5	10	50	R2+R3+P1	10
P5	12	6	10	60	R3+R4+P2	11

注意事项：

开发费用在季末支付，不允许加速投资，但可以中断投资。

表 3-8 原料规则

名　　称	购买价格（万元/个）	提前期（季）
R1	10	1
R2	10	1
R3	10	2
R4	10	2

注意事项：

（1）订购原料时，不需要支付贷款。

（2）当原料到货时，必须以现金方式支付货款，不允许赊账。

二、特别事项解析

（一）紧急采购

（1）付款即到货，原料价格为直接成本的 2 倍，成品价格为直接成本的 3 倍。

（2）紧急采购原料和产品时，直接扣除现金。上报报表时，成本仍然按照标准成本记录，紧急采购多付出的成本计入综合费用表的“损失”项。

（二）选单规则

投 5 万元广告费有一次选单机会，每增加 10 万元多一次选单机会，投放的广告费可以为 6 万元、17 万元。

1. 选单顺序

（1）按照本市场、本产品广告费投放大小顺序依次选单。

（2）如果两支队伍在本市场本产品广告额相同，则看本市场所有产品的广告投放总额。

（3）如果本市场所有产品的广告投放总额也相同，则看上年本市场销售排名。

（4）如果仍然无法决定，则先投广告者先选单，依据系统时间决定。

（5）第 1 年无订单。

2. 开单顺序

（1）选单时，两个市场同时开单，各队需要同时关注两个市场的选单情况。

（2）当其中一个市场选单结束时，第三个市场立即开单，即任何时候都会有两个市场同时开单，直到最后只剩下一个市场选单未结束。

（3）市场开放顺序分别为“本地+区域”、国内、亚洲、国际。

（4）各市场内产品按 P1、P2、P3、P4、P5 的顺序独立放单。

（5）选单时各队需要点开相应的市场，一个市场选单结束，系统不会自动跳到新开放的市场。

【例 3-1】假设有本地、区域、国内、亚洲 4 个市场进行选单。

首先，本地和区域市场同时开单，当本地市场选单结束时，国内市场立即开单，此时区域、国内两个市场保持同时开单；当区域市场选单结束后，亚洲市场立即开单，即国内、亚洲两个市场同时开单，直至选单结束。

提请注意：

（1）出现确认框，要在倒计时大于 10 秒时点“确认”，否则可能造成选单无效。

（2）在每个细分市场都有多次选单机会，只要放弃一次，则视同放弃该细分市场所有选单机会。

（三）竞单会（系统 1 次放 3 张订单同时竞单，并显示所有订单）

参与竞标的订单标明了订单编号、产品、数量等，而总金额、交货期、账期 3 项为空。竞标订单的相关要求说明如下。

竞标订单中的总金额、交货期、账期都是根据各个队伍的情况自己填写、选择的，系统默认的总金额是成本价，交货期为 1 期交货，账期为 4 个账期，如要修改需要手工修改。

1. 投标资质

参与投标的公司需要有相应市场、ISO 认证的资质，但不必有生产资格。

中标的公司应为该单支付 5 万元的中标服务费，在竞标会结束后一次性扣除，计入广告费里面。

如果（已竞得单数+本次同时竞单数）×5（万元）>现金余额，则不能再参与竞标，即必须有一定的库存现金作为保证金。如同时竞 3 张订单，库存现金为 29 万元，已经竞得 3 张订单，扣除了 15 万元的中标服务费，还剩余 14 万元库存现金，则不能继续参与竞单，因为万一再竞得 3 张，14 万元库存现金不足以支付 15 万元的中标服务费。

为防止恶意竞单，对竞得单数进行限制，如果某队已竞得单数>ROUND（3×该年竞得单总数/参赛队数），则不能继续竞单。

提请注意：

（1）ROUND 表示四舍五入。

（2）如某队已竞得单数= ROUND，则该队可以继续参与竞单。

（3）参赛队数指经营中的队伍数量，破产继续经营的也算在内，破产退出经营的则不算在其内。

如某年竞单，共有 40 张订单，20 队（含破产继续经营）参与竞单，当 1 队已经得到 7 张订单，因为 7>ROUND（3×40/20），所以不能继续竞单；如果已竞得单数为 6 张，则可以继续参与竞单。

2. 投标

参与投标的公司需要根据所投标的订单，在系统规定时间（90 秒，以倒计时形式显示）内填写总金额、交货期、账期 3 项内容，确认后由系统按照以下公式由得分最高者中标。如果计算分数相同，则先提交者中标。

得分=100+（5−交货期）×2+应收账期−8×总金额/（该产品直接成本×数量）

提请注意：

（1）总金额不能低于（可以等于）成本价，也不能高于（可以等于）成本价的 3 倍。

（2）必须为竞单留足时间，如在倒计时小于或等于 10 秒再提交，可能无效。

（3）竞得订单与选中订单一样，算作市场销售额。

（4）竞单时不允许紧急采购。

（5）破产队不可以参与投标竞单。

3. 竞拍界面（见图 3-1）

图 3-1　参加竞单会示意图

（1）点开要参与竞拍的订单，设置竞价，填写竞拍总金额（在价格范围内的整数），选择交货期和账期（见图 3-2）。

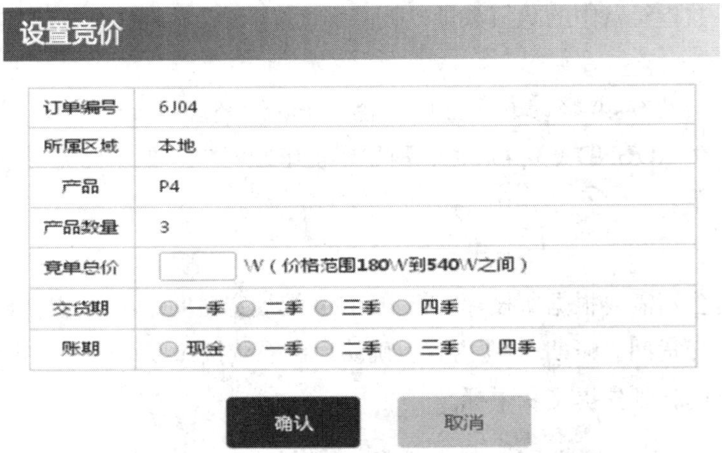

图 3-2　设置竞价示意图

（2）竞拍结果如图 3-3 所示。

（四）订单规则

1. 交货

订单必须在规定季交货，可以提前交货，但不可推后，推后即违约。

2. 账期

账期从交货期开始算起。应收款的收回由系统自动完成，不需要各队填写收回金额。

参加竞单会

82dgd10参加第4年竞单会，当前回合剩余竞单时间为35秒

订单编号	市场	产品	数量	ISO	状态	得单用户	总金额	交货期	账期
3J-06	区域	P3	5	14	已完成	82dgd10	250W	3季	4期
↑本用户出价							250W	3季	4期
3J-07	国内	P4	4	9 14	已完成	82dgd12	450W	3季	4期
3J-08	国内	P1	5	14	已完成	82dgd01	150W	3季	0期
3J-09	国内	P2	4	9 14	已完成	82dgd10	250W	1季	4期
↑本用户出价							250W	1季	4期
3J-10	亚洲	P3	6	9	设置竞价	-	-	-	-
3J-11	亚洲	P4	5	14	设置竞价	-	-	-	-
3J-12	亚洲	P1	6	9	设置竞价	-	-	-	-
3J-13	亚洲	P2	5	14	等待	-	-	-	-

图 3-3　竞拍结果示意图

3. 违约

在订单规定交货季度未交货，系统会收回订单，同时按照订单销售金额的 20%进行罚款。“罚款”在当年结束时扣除现金，罚款计入“损失”项。

（五）取整规则

（1）违约金扣除——四舍五入（每张订单分开算）。

（2）库存拍卖所得现金——四舍五入。

（3）贴现费用——向上取整。

（4）扣税——四舍五入。

（5）长短期贷款利息——四舍五入。

（六）特殊费用项目

（1）损失：库存折价拍卖、生产线变卖、紧急采购、订单违约计入综合费用表“损失”项目中。

（2）融资：增减资计入股东资本或特别贷款（均不计算所得税）。

提请注意：

增资只适用于破产队。

（七）系统参数（见图 3-4）

系统参数

违约金比例	20 %	贷款额倍数	3 倍
产品折价率	100 %	原料折价率	80 %
长贷利率	12 %	短贷利率	7 %
1，2期贴现率	10 %	3，4期贴现率	12.5 %
初始现金	600 W	管理费	10 W
信息费	1 W	所得税率	25 %
最大长贷年限	5 年	最小得单广告额	10 W
原料紧急采购倍数	2 倍	产品紧急采购倍数	3 倍
选单时间	50 秒	首位选单补时	25 秒
市场同开数量	2 个	市场老大	◉ 无 ○ 有
竞单时间	90 秒	竞单同竞数	3 个

图 3-4　系统参数示意图

（1）每个市场各产品选单时第一个队选单时间为 75 秒，自第 2 个队起，选单时间为 50 秒。

（2）信息费为 1 万元/次/队，即交 1 万元可以查看一队企业的信息，交费企业以 Excel 表格的形式获得“被间谍”企业的详细信息，如图 3-5、图 3-6 所示。

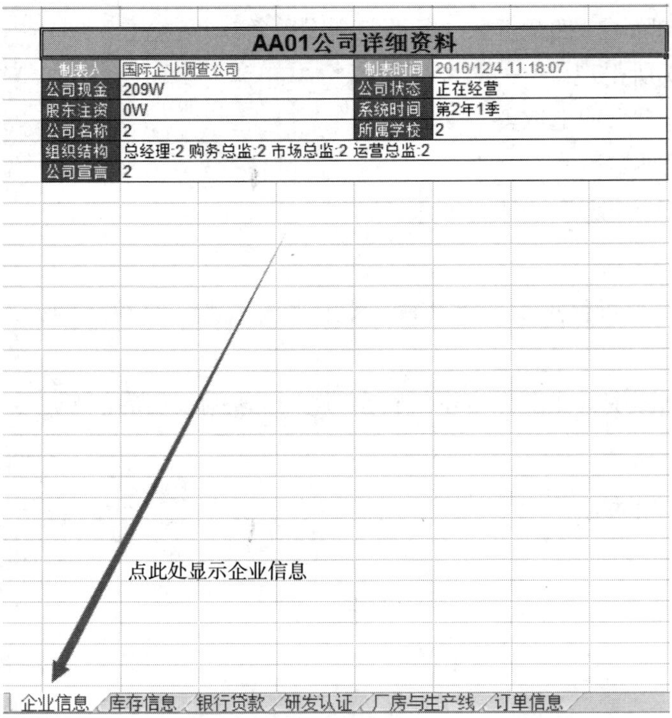

AA01公司详细资料

制表人	国际企业调查公司	制表时间	2016/12/4 11:18:07
公司现金	209W	公司状态	正在经营
股东注资	0W	系统时间	第2年1季
公司名称	2	所属学校	2
组织结构	总经理:2 购务总监:2 市场总监:2 运营总监:2		
公司宣言	2		

图 3-5　“被间谍”企业信息示意图（1）

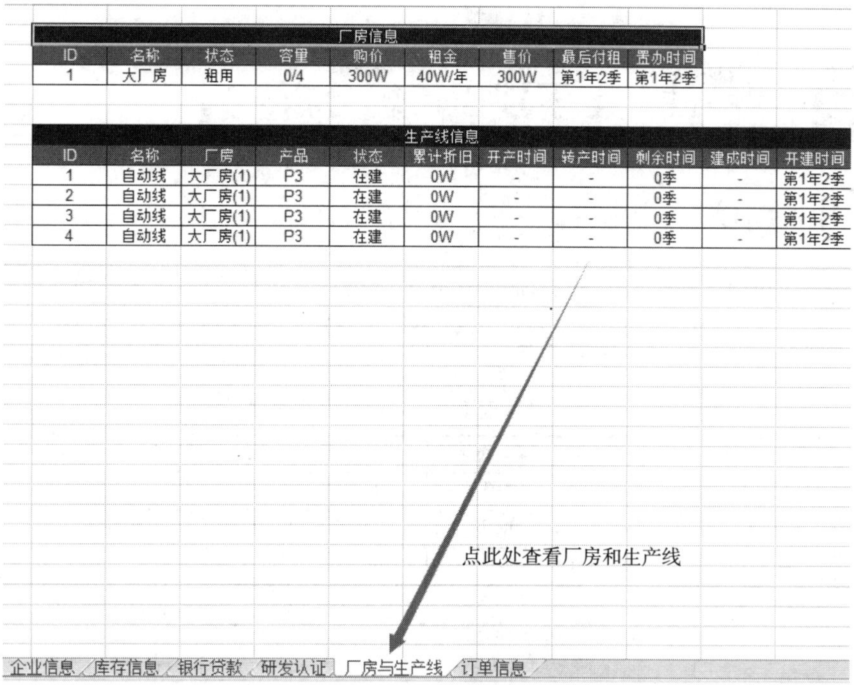

厂房信息								
ID	名称	状态	容量	购价	租金	售价	最后付租	置办时间
1	大厂房	租用	0/4	300W	40W/年	300W	第1年2季	第1年2季

生产线信息										
ID	名称	厂房	产品	状态	累计折旧	开产时间	转产时间	剩余时间	建成时间	开建时间
1	自动线	大厂房(1)	P3	在建	0W	-	-	0季	-	第1年2季
2	自动线	大厂房(1)	P3	在建	0W	-	-	0季	-	第1年2季
3	自动线	大厂房(1)	P3	在建	0W	-	-	0季	-	第1年2季
4	自动线	大厂房(1)	P3	在建	0W	-	-	0季	-	第1年2季

图 3-6 “被间谍”企业信息示意图（2）

（八）竞赛排名

按预先规定的经营年限完成企业模拟经营，根据各队的最后分数进行评分，分数高者为优胜者。

总成绩=所有者权益×（1+企业综合发展潜力/100）−罚分

企业综合发展潜力=生产线分值+厂房分值（购买）+
市场研发分值+ISO 资格认证分值+产品研发分值

提请注意：

（1）如有多支队伍分数相同，则按照第六年年末所有者权益排名高者在前，若第六年年末所有者权益仍相同，则最后一年在系统中先结束经营（而非指在系统中填制报表）者排名靠前。

（2）生产线建成（需缴纳过维护费）即加分，无须生产出产品，也无须有在制品。手工线、租赁线不加分。

（九）破产处理

当参赛队的所有者权益为负（指当年结束系统生成资产负债表时为负）或现金断流时（所有者权益和现金可以为零），企业破产。

参赛队破产后，可由老师视情况适当增资，由破产的参赛队继续经营。此参赛队不参加有效排名。

任务二 “商战”电子沙盘市场分析

一、市场预测

以 2016 年高职国赛市场预测为例讲解市场分析。

（一）市场均价预测表（见表 3-9）

表 3-9 市场均价预测表 单位：万元

序号	年份	产品	本地	区域	国内	亚洲	国际
1	第 2 年	P1	50.32	53.54	0	0	0
2	第 2 年	P2	68.94	73.48	0	0	0
3	第 2 年	P3	84.26	89.35	0	0	0
4	第 2 年	P4	121.82	125.83	0	0	0
5	第 2 年	P5	135.88	141.64	0	0	0
6	第 3 年	P1	49.99	53.12	53.17	0	0
7	第 3 年	P2	68.47	74.07	70.00	0	0
8	第 3 年	P3	83.20	86.10	84.10	0	0
9	第 3 年	P4	127.03	119.03	124.06	0	0
10	第 3 年	P5	0	145.00	140.03	0	0
11	第 4 年	P1	50.26	54.14	52.88	0	0
12	第 4 年	P2	67.30	73.24	66.76	0	0
13	第 4 年	P3	80.28	88.44	0	79.31	0
14	第 4 年	P4	116.04	115.67	120.21	117.21	0
15	第 4 年	P5	140.40	140.78	145.67	129.95	0
16	第 5 年	P1	49.97	54.76	0	0	56.12
17	第 5 年	P2	67.95	73.35	0	63.16	72.61
18	第 5 年	P3	81.21	86.81	87.00	81.12	87.92
19	第 5 年	P4	0	0	120.67	115.21	129.33
20	第 5 年	P5	0	145.33	133.03	156.68	154.83
21	第 6 年	P1	49.92	53.34	47.18	0	55.51
22	第 6 年	P2	67.51	73.91	69.36	75.81	71.45
23	第 6 年	P3	83.27	89.36	0	88.27	89.10
24	第 6 年	P4	128.44	126.36	127.13	127.29	129.33
25	第 6 年	P5	153.24	149.48	0	151.10	153.75

（二）市场需求量预测表（见表 3-10）

表 3-10 市场需求量预测表 单位：个

序号	年份	产品	本地	区域	国内	亚洲	国际
1	第 2 年	P1	106	56	0	0	0
2	第 2 年	P2	79	52	0	0	0
3	第 2 年	P3	73	43	0	0	0
4	第 2 年	P4	34	35	0	0	0
5	第 2 年	P5	24	39	0	0	0
6	第 3 年	P1	103	49	75	0	0
7	第 3 年	P2	87	58	37	0	0
8	第 3 年	P3	84	30	50	0	0
9	第 3 年	P4	33	30	17	0	0
10	第 3 年	P5	0	24	39	0	0
11	第 4 年	P1	81	36	42	0	0
12	第 4 年	P2	66	58	34	0	0
13	第 4 年	P3	82	36	0	39	0
14	第 4 年	P4	25	15	28	19	0
15	第 4 年	P5	30	27	24	20	0
16	第 5 年	P1	69	25	0	0	49
17	第 5 年	P2	77	46	0	31	71
18	第 5 年	P3	78	27	30	52	60
19	第 5 年	P4	0	0	30	14	18
20	第 5 年	P5	0	48	29	22	24
21	第 6 年	P1	50	38	28	0	65
22	第 6 年	P2	78	23	28	83	58
23	第 6 年	P3	78	39	0	22	61
24	第 6 年	P4	41	22	46	17	18
25	第 6 年	P5	50	29	0	21	40

（三）市场订单数预测表（见表 3-11）

表 3-11 市场订单数预测表 单位：个

序号	年份	产品	本地	区域	国内	亚洲	国际
1	第 2 年	P1	21	27	0	0	0
2	第 2 年	P2	20	26	0	0	0
3	第 2 年	P3	18	25	0	0	0
4	第 2 年	P4	11	12	0	0	0
5	第 2 年	P5	9	11	0	0	0
6	第 3 年	P1	21	23	15	0	0
7	第 3 年	P2	21	28	13	0	0
8	第 3 年	P3	22	18	18	0	0
9	第 3 年	P4	11	7	6	0	0
10	第 3 年	P5	0	9	14	0	0
11	第 4 年	P1	16	19	10	0	0
12	第 4 年	P2	18	27	12	0	0
13	第 4 年	P3	21	21	0	14	0

续表

序　号	年　份	产　品	本　地	区　域	国　内	亚　洲	国　际
14	第 4 年	P4	9	6	11	7	0
15	第 4 年	P5	12	10	9	7	0
16	第 5 年	P1	16	11	0	0	16
17	第 5 年	P2	20	20	0	10	16
18	第 5 年	P3	20	16	8	19	15
19	第 5 年	P4	0	0	9	5	7
20	第 5 年	P5	0	14	10	9	9
21	第 6 年	P1	11	19	10	0	16
22	第 6 年	P2	19	13	10	20	15
23	第 6 年	P3	21	23	0	8	15
24	第 6 年	P4	12	10	16	6	7
25	第 6 年	P5	16	11	0	9	13

二、市场预测分析

（一）市场净利预测表（见表 3-12）

表 3-12　市场净利预测表　　单位：万元

序　号	年　份	产　品	本　地	区　域	国　内	亚　洲	国　际
1	第 2 年	P1	30.32	33.54			
2	第 2 年	P2	38.94	43.48			
3	第 2 年	P3	44.26	49.35			
4	第 2 年	P4	35.91	37.915			
5	第 2 年	P5	37.94	40.82			
6	第 3 年	P1	29.99	33.12	33.17		
7	第 3 年	P2	38.47	44.07	40		
8	第 3 年	P3	43.2	46.1	44.1		
9	第 3 年	P4	38.515	34.515	37.03		
10	第 3 年	P5		42.5	40.015		
11	第 4 年	P1	30.26	34.14	32.88		
12	第 4 年	P2	37.3	43.24	36.76		
13	第 4 年	P3	40.28	48.44		39.31	
14	第 4 年	P4	33.02	32.835	35.105	33.605	
15	第 4 年	P5	40.2	40.39	42.835	34.975	
16	第 5 年	P1	29.97	34.76			36.12
17	第 5 年	P2	37.95	43.35		33.16	42.61
18	第 5 年	P3	41.21	46.81	47	41.12	47.92
19	第 5 年	P4			35.335	32.605	39.67
20	第 5 年	P5		42.665	36.515	48.34	47.42
21	第 6 年	P1	29.92	33.34	27.18		35.51
22	第 6 年	P2	37.51	43.91	39.36	45.81	41.45

续表

序号	年份	产品	本地	区域	国内	亚洲	国际
23	第 6 年	P3	43.27	49.36		48.27	49.1
24	第 6 年	P4	39.22	38.18	38.565	38.645	39.67
25	第 6 年	P5	46.62	44.74		45.55	46.88

（二）每组年分配数量表（见表 3-13）

表 3-13 每组年分配数量表

产品	本地（个）	区域（个）	国内（个）	亚洲（个）	国际（个）	均价（万元）	订单均量（个）	年分配数量（个）
P1	106	56				6.8	1	（破产组）
P2	79	52				5.5	1	
P3	73	43				4.8	1	
P4	34	35				5.8	1	
P5	24	39				5.3	1	
此组年分配数量合计（四舍五入取整数）								28
P1	103	49	75			9.5	1	（破产组）
P2	87	58	37			7.6	1	
P3	84	30	50			6.8	1	
P4	33	30	17			6.7	1	
P5		24	39			5.3	1	
此组年分配数量合计（四舍五入取整数）								36
P1	81	36	42			6.6	1	（破产组）
P2	66	58	34			6.6	1	
P3	82	36		39		6.5	1	
P4	25	15	28	19		7.3	1	
P5	30	27	24	20		8.4	1	
此组年分配数量合计（四舍五入取整数）								35
P1	69	25			49	6.0	1	（破产组）
P2	77	46		31	71	9.4	1	
P3	78	27	30	52	60	10.3	1	
P4			30	14	18	5.2	1	
P5		48	29	22	24	10.3	1	
此组年分配数量合计（四舍五入取整数）								41
P1	50	38	28		65	7.5	1	（破产组）
P2	78	23	28	83	58	11.3	1	
P3	78	39		22	61	8.3	1	
P4	41	22	46	17	18	12.0	1	
P5	50	29		21	40	11.7	1	
此组年分配数量合计（四舍五入取整数）								51

每组市场总需求走势，如图 3-7 所示。

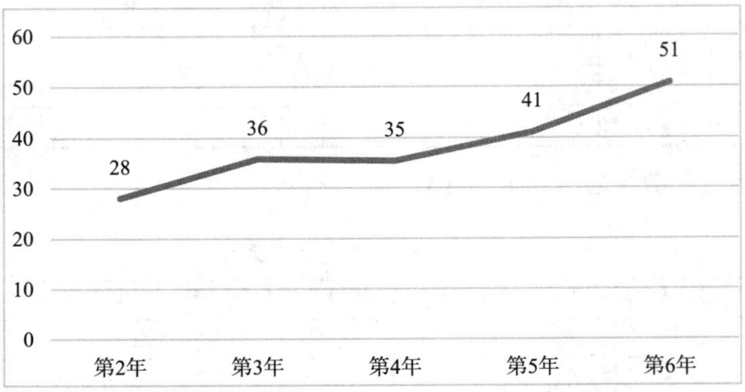

图 3-7　每组市场总需求走势

（三）产品总体加权平均利润走势（见图 3-8）

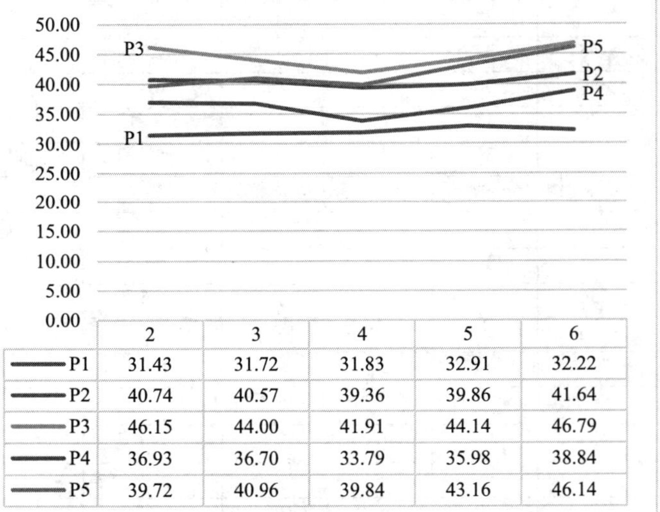

	2	3	4	5	6
P1	31.43	31.72	31.83	32.91	32.22
P2	40.74	40.57	39.36	39.86	41.64
P3	46.15	44.00	41.91	44.14	46.79
P4	36.93	36.70	33.79	35.98	38.84
P5	39.72	40.96	39.84	43.16	46.14

图 3-8　产品总体加权平均利润走势

任务三　“商战”电子沙盘运营流程

一、创建模拟企业，组建高效的团队

关于如何创建模拟企业，组建高效团队，请参阅项目二任务三“‘创业者’电子沙盘运营流程”的有关内容，此处不再赘述。

二、设定模拟企业目标和建立企业文化

（一）公司命名

在公司成立后，每个小组要召开第一次员工大会，大会由总经理主持。在这次会议中要为自己组建的公司命名。公司名称对一个企业将来的发展而言至关重要，因为公司名称不仅关系到企业在行业内的影响力，还关系到企业所经营的产品投放市场后，消费者对本企业的认可度；品牌名称或公司名称符合行业特点、有深层次的文化底蕴，又是广大消费者熟知的、再也找不到第二名称时，企业的竞争力就明显区别于行业内的企业，为打造知名品牌奠定了基础。因此各小组要集思广益，为自己的企业起一个响亮的名字。

（二）确定企业使命

企业使命英文表示为 MISSION，在企业远景的基础之上，具体地定义企业在全社会经济领域中所经营的活动范围和层次，具体地表述企业在社会经济活动中的身份或角色。它包括的内容为企业的经营哲学、企业的宗旨和企业的形象。在第一次员工大会上，学员还要集体讨论确定企业的宗旨。

（三）总经理就职演讲

小组讨论结束后，由总经理代表自己的公司进行就职演讲，阐述自己公司的使命与目标等，为企业下一步的经营管理打下良好的基础。

三、模拟企业运营实录

（一）“商战”电子沙盘运营流程

“商战”电子沙盘运营流程表，以 AA01 组为例，进行前三年操作说明。

1. 第一年运营表（见表 3-14 至表 3-17）

表 3-14 现金预算表

单位：万元

	第 1 季度	第 2 季度	第 3 季度	第 4 季度
年初库存现金	600			
支付上年应缴税				
市场广告投入				

续表

	第 1 季度	第 2 季度	第 3 季度	第 4 季度
支付长贷利息				
申请长期贷款				
季初盘点	600	537	414	291
短期贷款还本付息	0	0	0	0
申请短期贷款	107	107	107	107
原料入库				
购买、租用厂房	50			
生产线投资	100	200	200	200
转产费用				
开始下一批生产				
应收款前余额	557	444	321	198
应收款到期				
产品研发投资	10	20	20	20
购买、租用厂房（续租）				
支付管理费用	10	10	10	10
市场开拓投资				50
ISO 资格投资				25
支付设备维护费				
库存现金余额	537	414	291	93

表 3-15　综合费用表　单位：万元

项　　目	金　　额
管理费	40
广告费	
设备维护费	
损失	
转产费	
厂房租金	50
新市场开拓	50
ISO 资格认证	25
产品研发	70
信息费	
合　计	235

表 3-16　利润表　单位：万元

项　　目	金　　额
销售收入	
直接成本	
毛利	
综合费用	235
折旧前利润	–235
折旧	
支付利息前利润	–235
财务费用	
税前利润	
所得税	
年度净利润	–235

表 3-17　资产负债表

单位：万元

项　目	金　额	项　目	金　额
现金	93	长期负债	
应收款		短期负债	428
在制品		应缴所得税	
产成品		—	
原料		—	
流动资产合计	93	负债合计	428
厂房		股东资本	600
生产线		利润留存	
在建工程	700	年度净利润	–235
固定资产合计	700	所有者权益合计	365
资产总计	793	负债和所有者权益总计	793

注：库存折价销售、生产线变卖、紧急采购、订单违约计入损失。每年经营结束后，请将此表交到裁判处核对。

2. 第二年运营表（见表 3-18 至表 3-21）

表 3-18　现金预算表

单位：万元

	第 1 季度	第 2 季度	第 3 季度	第 4 季度
年初库存现金	93			
支付上年应缴税				
市场广告投入	62			
支付长贷利息				
申请长期贷款	95			
季初盘点	126	118	118	306
短期贷款还本付息	114	114	114	114
申请短期贷款	306	264	149	192
原料入库	100	100	100	100
购买、租用厂房				
生产线投资				
转产费用				

续表

	第 1 季度	第 2 季度	第 3 季度	第 4 季度
开始下一批生产	40	40	40	40
应收款前余额	178	128	13	244
应收款到期			303	142
产品研发投资				
购买、租用厂房（续租）	50			
支付管理费用	10	10	10	10
市场开拓投资				30
ISO 资格投资				25
支付设备维护费				80
库存现金余额	118	118	306	241

表 3-19　综合费用表　单位：万元

项　目	金　额
管理费	40
广告费	62
设备维护费	80
损失	
转产费	
厂房租金	50
新市场开拓	30
ISO 资格认证	25
产品研发	
信息费	
合　计	287

表 3-20　利润表　单位：万元

项　目	金　额
销售收入	908
直接成本	420
毛利	488
综合费用	287
折旧前利润	201
折旧	
支付利息前利润	201
财务费用	28
税前利润	173
所得税	
年度净利润	173

表 3-21　资产负债表　单位：万元

项　目	金　额	项　目	金　额
现金	241	长期负债	95
应收款	463	短期负债	911
在制品	140	应缴所得税	
产成品		—	
原料		—	
流动资产合计	844	负债合计	1 006
厂房		股东资本	600

续表

项　目	金　额	项　目	金　额
生产线	700	利润留存	–235
在建工程		年度净利润	173
固定资产合计	700	所有者权益合计	538
资产总计	1 544	负债和所有者权益总计	1 544

注：库存折价销售、生产线变卖、紧急采购、订单违约计入损失。每年经营结束后，请将此表交到裁判处核对。

3. 第三年运营表（见表 3-22 至表 3-25）

表 3-22　现金预算表　　单位：万元

	第 1 季度	第 2 季度	第 3 季度	第 4 季度
年初库存现金	241			
支付上年应缴税				
市场广告投入	154			
支付长贷利息	11			
申请长期贷款	287			
季初盘点	363	441	238	414
短期贷款还本付息	327	282	159	205
申请短期贷款	392	149	235	364
原料入库	260	180	160	200
购买、租用厂房	50			
生产线投资				
转产费用				
开始下一批生产	80	80	80	80
应收款前余额	38	48	74	293
应收款到期	463	200	350	242
产品研发投资				
购买、租用厂房（续租）	50			
支付管理费用	10	10	10	10
市场开拓投资				20

续表

	第 1 季度	第 2 季度	第 3 季度	第 4 季度
ISO 资格投资				
支付设备维护费				340
库存现金余额	441	238	414	165

表 3-23　综合费用表　单位：万元

项　目	金　额
管理费	40
广告费	154
设备维护费	340
损失	
转产费	
厂房租金	100
新市场开拓	20
ISO 资格认证	
产品研发	
信息费	
合　计	654

表 3-24　利润表　单位：万元

项　目	金　额
销售收入	2 072
直接成本	980
毛利	1 092
综合费用	654
折旧前利润	438
折旧	140
支付利息前利润	298
财务费用	73
税前利润	225
所得税	33
年度净利润	192

表 3-25　资产负债表　单位：万元

项　目	金　额	项　目	金　额
现金	165	长期负债	382
应收款	1 280	短期负债	1 140
在制品	280	应缴所得税	33
产成品		—	
原料		—	
流动资产合计	1 725	负债合计	1 555
厂房		股东资本	600
生产线	560	利润留存	–62
在建工程		年度净利润	192
固定资产合计	560	所有者权益合计	730
资产总计	2 285	负债和所有者权益总计	2 285

注：库存折价销售、生产线变卖、紧急采购、订单违约计入损失。每年经营结束后，请将此表交到裁判处核对。

（二）“商战”电子沙盘操作介绍

1. “商战”电子沙盘整体界面（见图 3-9）

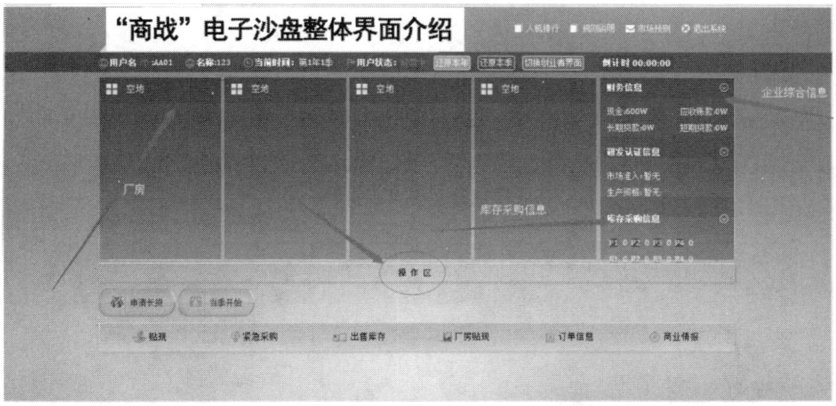

图 3-9　“商战”电子沙盘整体界面

2. 申请长期贷款界面

申请长期贷款只能在每年年初进行，点开此项，会显示如图 3-10 所示的界面，最大贷款额度表明可以申请的最高贷款额度，可以根据企业发展规划选择申请年限，只能是整数年。

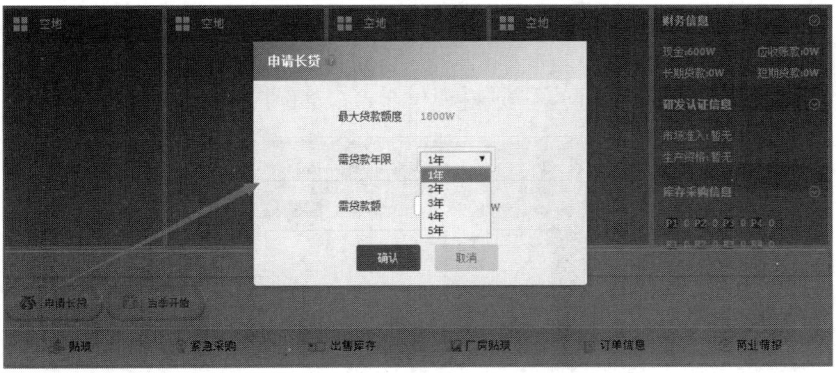

图 3-10　“申请长贷”界面

3. “当季开始”

点开“当季开始”，代表模拟企业本季度开始运营，才可以进行相应的操作，如图 3-11 所示。

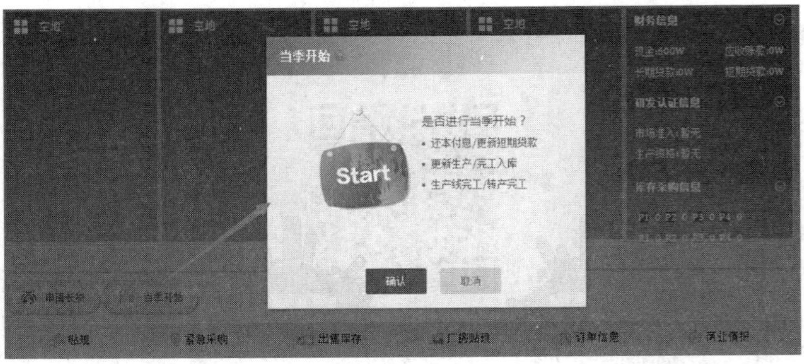

图 3-11　“当季开始”操作示意图

4. 申请短期贷款

每个季度初都可以申请短期贷款（见图 3-12），最大贷款额度表明可以申请的最高贷款额度，短期贷款期限系统固定为一年。例如，第 1 年第 1 季度申请短期贷款，则第 2 年第 1 季度初必须还本付息，否则无法往下进行操作。

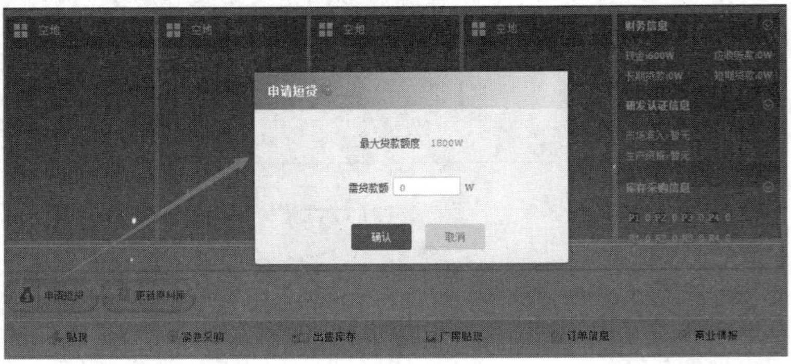

图 3-12　“申请短贷”操作示意图

5. 更新、订购原料

更新原料，会显示模拟企业当季原料现付金额，如图 3-13 所示。

图 3-13　“更新原料”操作示意图

订购原料，可以根据模拟企业经营的需要进行提前订购，点开“订购原料”显示如图 3-14 所示界面，可以填制原料订购的数量，然后点“确定”即订购成功。

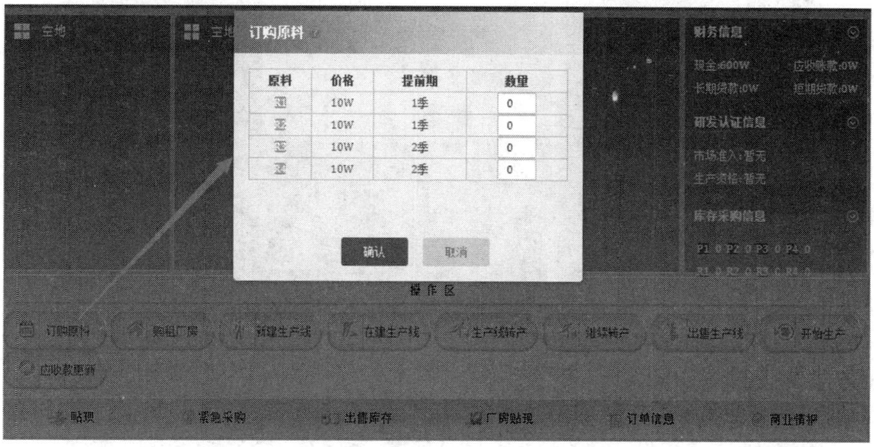

图 3-14 “订购原料”操作示意图

6. 购买、租用厂房

模拟企业每季度都可以购买或租用厂房，点开“购租厂房”，显示如图 3-15 所示界面，可以根据模拟企业的需要选择厂房类型（大厂房、中厂房、小厂房），以及订购方式等，厂房容量不同即容纳生产线的数量不同。

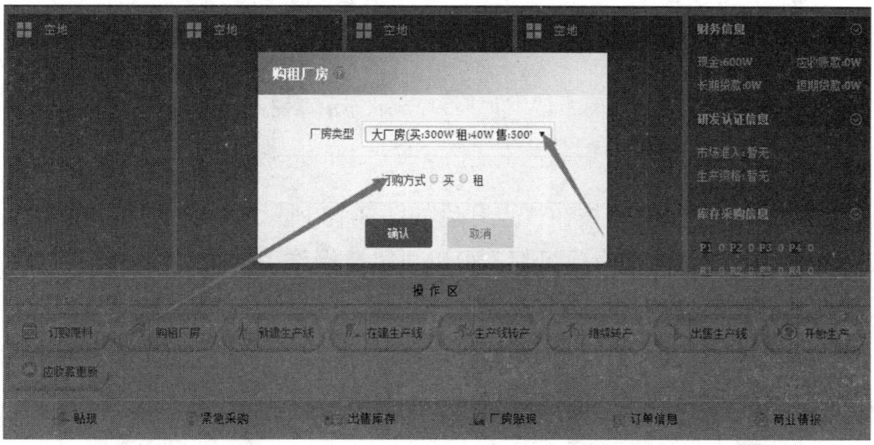

图 3-15 “购租厂房”操作示意图

7. 新建生产线操作及完成状态

厂房订购成功，会在系统界面上显示，然后点开“新建生产线”，如图 3-16 所示，可以选择生产线安置在哪个厂房、生产线类型、生产线固定生产什么类型的产品。

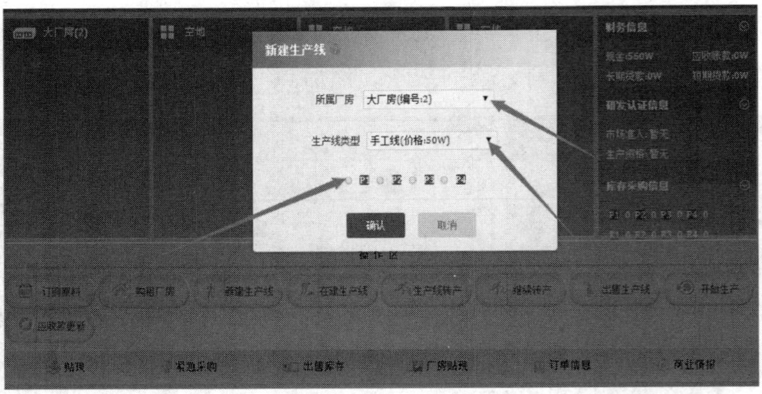

图 3-16 “新建生产线”操作示意图

生产线完成状态，如图 3-17 所示。

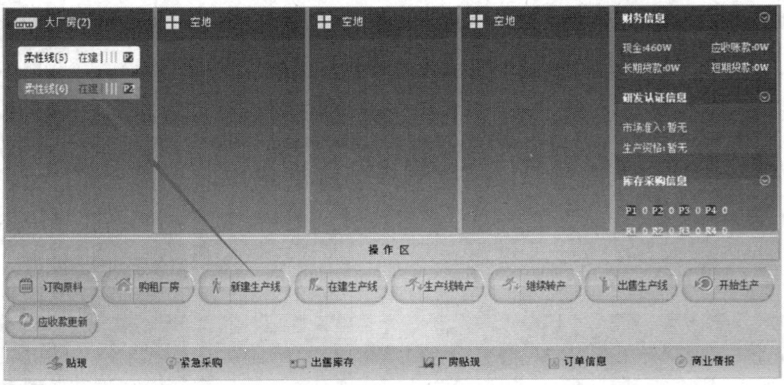

图 3-17 生产线完成状态示意图

8. “应收款更新”

“应收款更新”是一个关闭按钮，点开后如图 3-18 所示，会显示本季度有多少应收款可以进账。更新完，前面的操作项目都不可以再进行操作了，所以一定要在进行此项操作前，与财务人员进行信息核对。

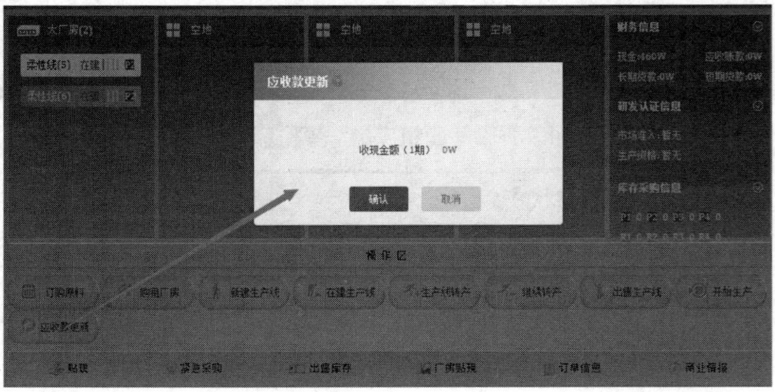

图 3-18 “应收款更新”操作示意图

9. 按订单交货

按订单交货，即企业生产完产品，要进行手动交单，系统不会自己进行订单交易（见图 3-19）。不按照规定季度交单（可以提前，但不可以推后）则视为违约，需要在年末支付违约金。

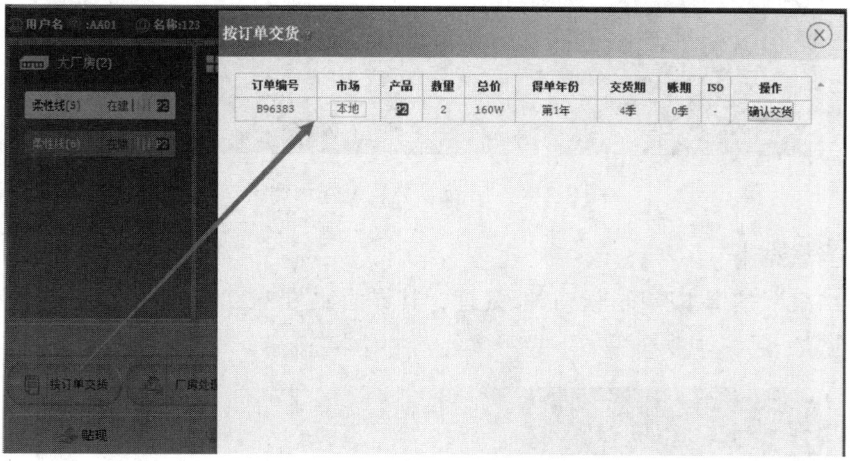

图 3-19 “按订单交货”操作示意图

10. 厂房处理

厂房处理是指租转买、退租等行为，企业根据自己的发展来进行选择厂房的决策。有关处理如图 3-20 所示。

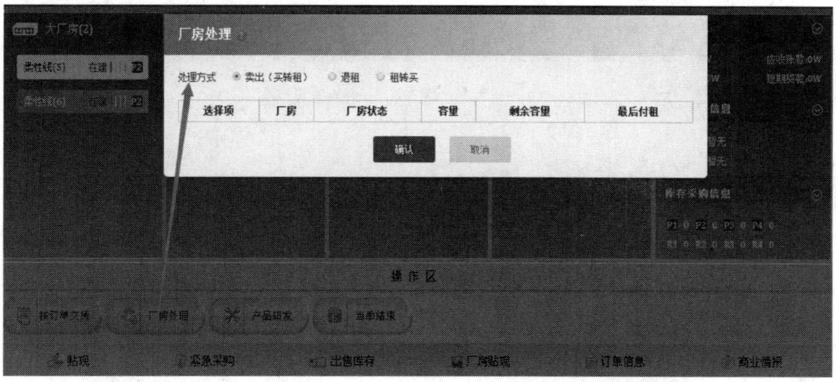

图 3-20 “厂房处理”操作示意图

11. 产品研发

“产品研发”操作示意图如图 3-21 所示，企业根据营销战略抉择来进行产品研发投资，在相应产品前的选择项勾选，然后点“确定”即可。

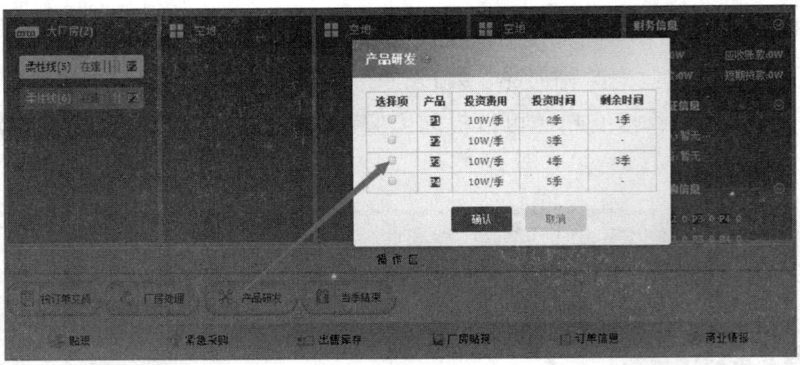

图 3-21　“产品研发”操作示意图

12. “当季结束”

“当季结束”是指本季度进行封账处理，其界面如图 3-22 所示，会扣除企业管理费用等。点“确定”后，企业会进入下一季度经营初始状态。

图 3-22　“当季结束”操作示意图

13. 在建生产线

在建生产线是指对未投资完的生产线进行继续投资，如图 3-23 所示，点开“在建生产线”，在复选框进行勾选，点“确定”则完成本季度生产线投资活动。

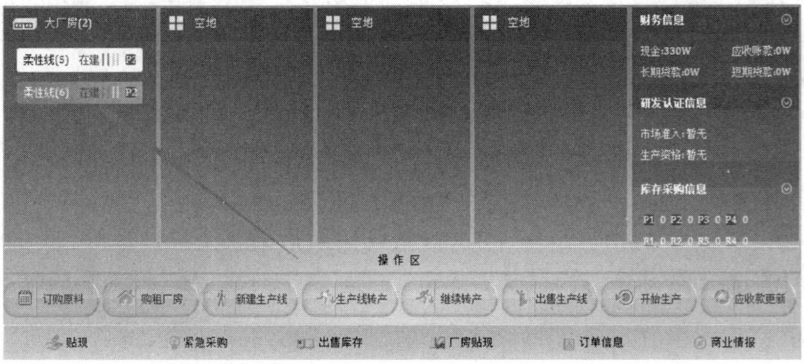

图 3-23　“在建生产线”操作示意图

14. 申请短期贷款及完成状态

“申请短贷”界面，如图 3-24 所示，如果企业成功申请短期贷款，则在财务信息栏里的短期贷款项目，会显示申请的额度等信息（见图 3-25）。

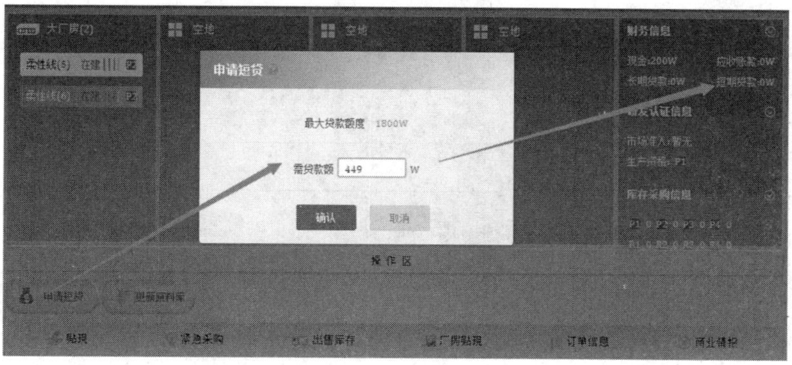

图 3-24　“申请短贷”操作示意图

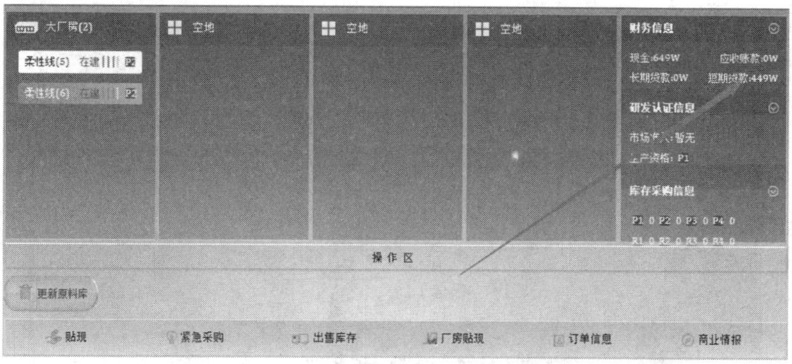

图 3-25　“申请短贷”完成状态示意图

15. 市场开拓

生产制造企业以市场销售为王，市场开拓就是进行市场研发投资，开发完成后领取相应市场资格证书，可以准入市场销售产品，如图 3-26 所示。

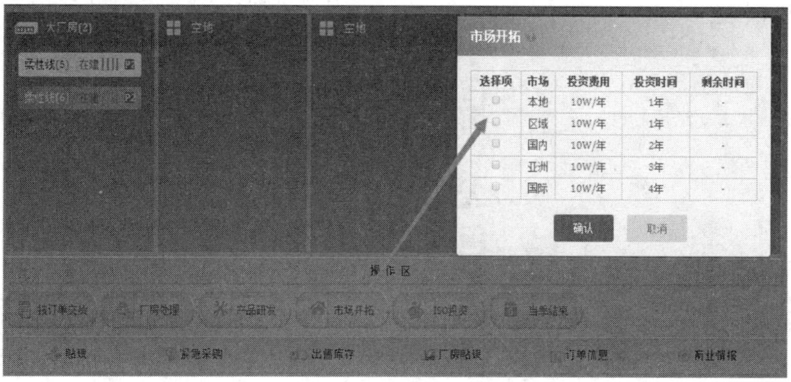

图 3-26　“市场开拓”操作示意图

16. ISO 投资

对于ISO投资，可以根据企业发展规划进行选择，一切以客户的订单要求为最高标准，如图 3-27 所示。

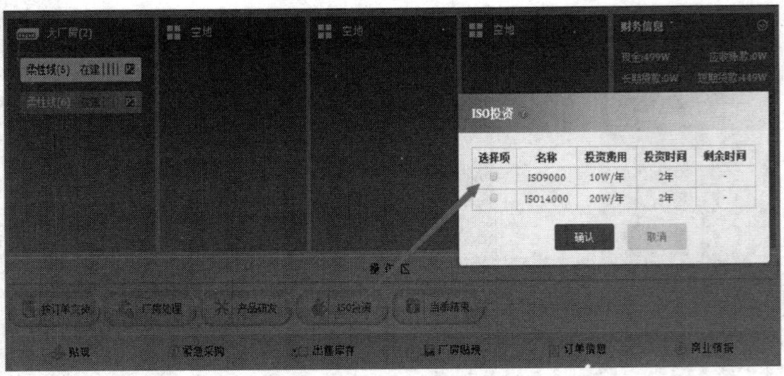

图 3-27 “ISO 投资”操作示意图

17. “当年结束”

点开“当年结束”，打开“当年结束”界面，如图 3-28 所示，扣除管理费用、设备维护费、违约金等，即企业本年度封账。

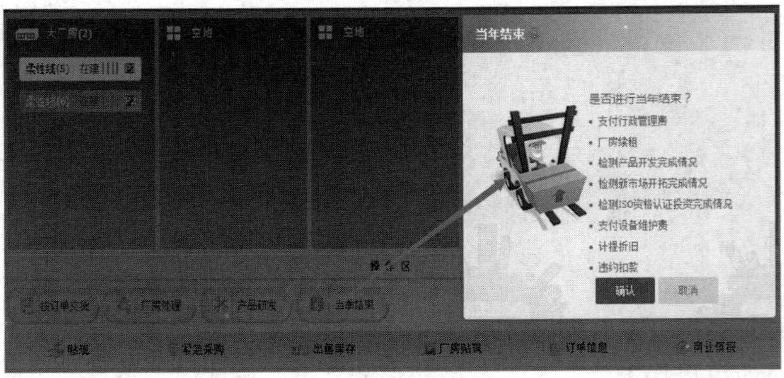

图 3-28 “当年结束”操作示意图

18. 填写报表

填写报表时，所有报表中的项目必须填写无误。综合费用表如图 3-29 所示，通过综合费用表可以得知本年度企业综合费用总额，审查企业综合费用是否合理，采取措施进行开源节流，提高企业利润。

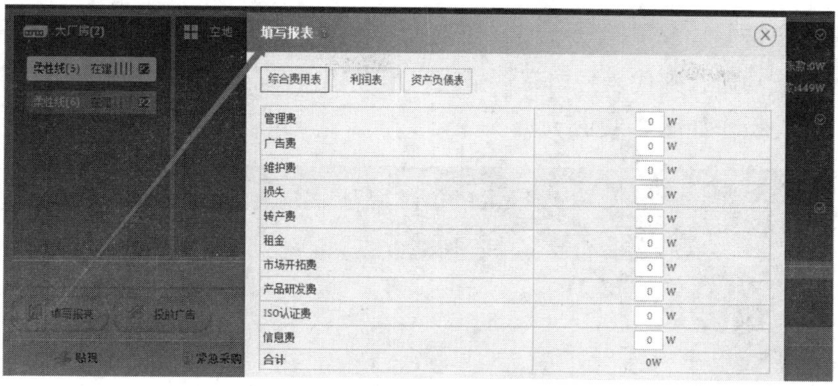

图 3-29 “综合费用表”填写示意图

利润表可以核算出本年度盈利情况，审查及分析影响利润的因素，采取措施进行开源节流，提高企业利润（见图 3-30）。

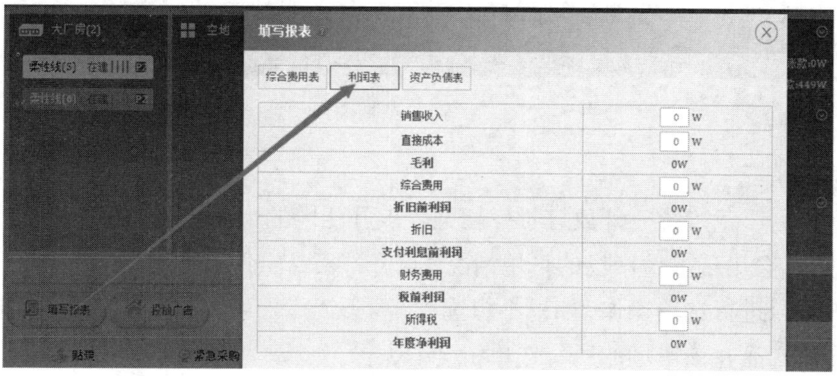

图 3-30 “利润表”填写示意图

资产负债表显示企业资产、负债及所有者权益的整体情况，可以分析并采取措施，合理筹资，提高筹资的效益，发挥财务的杠杆作用（见图 3-31）。

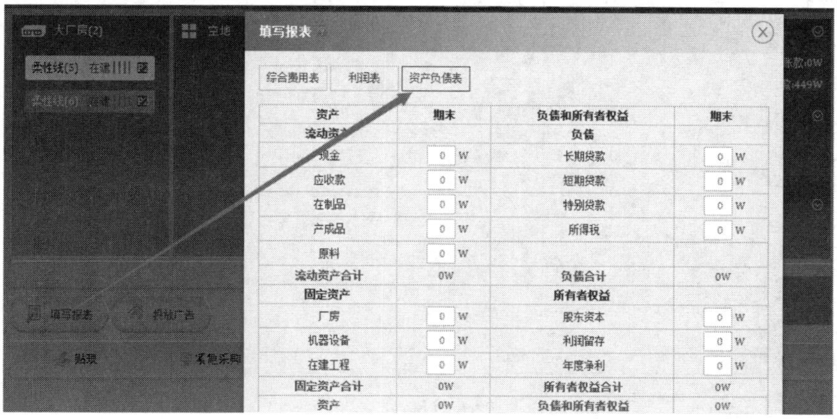

图 3-31 “资产负债表”填写示意图

19. 投放广告

市场开拓成功后，则代表公司有资格进入市场销售产品。为了拿到订单，需要在市场投放广告，相关操作如图 3-32 所示。

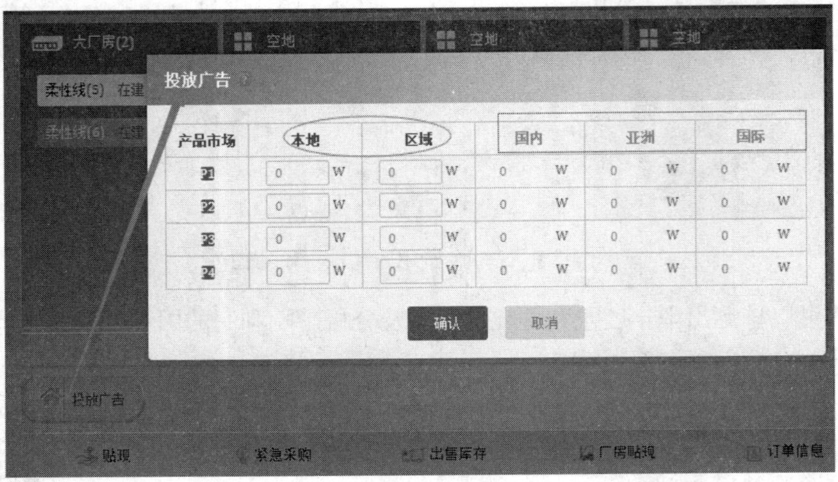

图 3-32 “投放广告”操作示意图

20. 选单情况

投放广告后，裁判统一开放订货，切记要点开相应的市场才会如图 3-33 显示。例如，点开“本地”才会出现本地市场的订单情况；点开“区域”才会出现区域市场的订单情况。箭头 1 代表可以进行选单操作，如果不想选单，箭头 2 代表可以放弃选单，一旦选择放弃，则代表放弃该产品在该市场的所有选单机会。

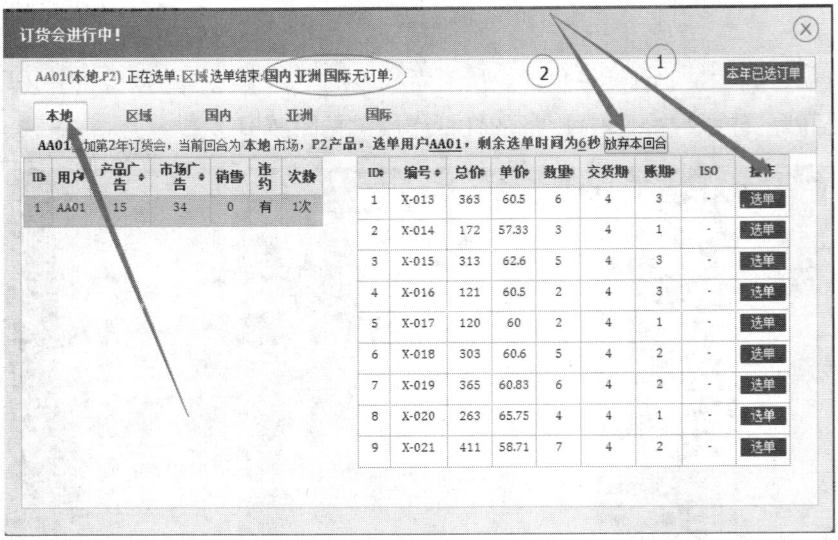

图 3-33 “选单情况”操作示意图

21. 开始下一批生产

开始下一批生产，就是进行生产产品操作，可以看作加工产品（见图 3-34）。

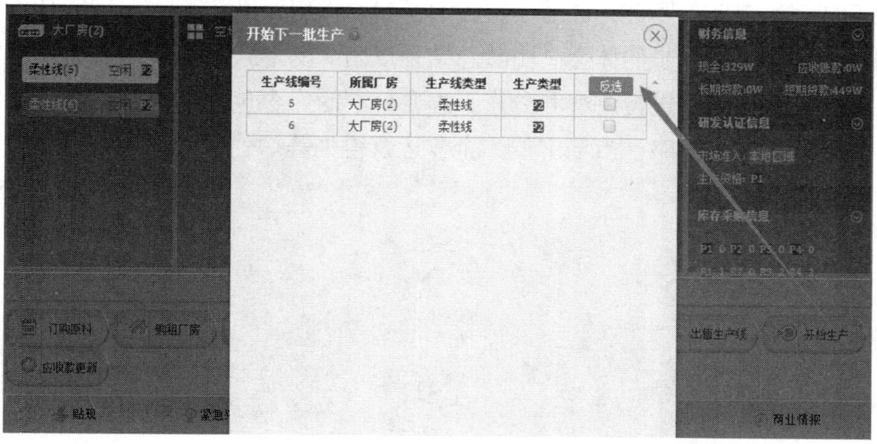

图 3-34 “开始下一批生产”操作示意图

（三）评定实训成绩

实训结束后，每个小组都会有一个实训成绩，按照总成绩的排名来确定实训成果，但是实训成果并不能充分反映学生的真实学习情况。虽然有的组破产了，但是在模拟企业运营的过程中，小组成员可能一直积极参与，从实训过程中领悟到很多企业经营的真谛，所以下面给出一种较为科学的成绩评定方式，以供参考。

实训课成绩=实训成果（60%）+学生表现（10%）+总结（30%）

1. 实训成果

在此次实训中，可以把学员分成若干个小组，每个小组有 5 ~ 6 名成员，分别代表不同的公司，每个小组的成员分别担任公司中的重要职位：总经理、财务总监、市场总监、生产总监和采购总监。如果成员为 6 名，还可以设置财务总监助理等职务。各公司属于同一行业的竞争者，初始资源相同，大家在相同的竞争环境下进行一番真正的较量。最后根据企业的所有者权益、综合发展潜力等对各个企业进行综合排名，得出实训成果。

实训成果=所有者权益 ×（1+企业综合发展潜力/100）–罚分

2. 学生表现

各企业中的成员的岗位分工是否明确、成员是否各司其职、团队合作程度、每个成员的参与程度和出勤率，以及各种表格如运营表、综合费用表、利润表、资产负债表、现金预算表等的填写，都可以作为学生表现的评价依据。每个企业内部评选出最佳员工，可以在学生表现这部分进行加分。

3. 总结

总结包括个人总结和团队总结。个人总结是实训结束后每个同学上交一份实训报告，总结这几天自己的表现、体会，自己在企业中所起的作用，以及通过企业模拟经营的运作对哪些理论知识有了进一步的体会。团队总结是以团队的形式上交一份 PPT，在全班总结时由团队代表向全班同学进行讲解和分享，主要分享的内容包括本企业的企业文化、成员构成、整体战略、广告策略、市场定位、企业运营得失等。

项目四

竞赛实战经验分享

任务一　ERP 沙盘模拟经验之总经理篇

一、总经理的作用

总经理作为一个企业的灵魂人物，必须要对企业各方面的状况了如指掌，如财务、生产，尤其是市场。而在决策上，当组员个人在企业发展方针上出现异议、争论无果时，总经理就要发挥他的领袖价值——根据自己对市场的判断做出决定，以免争论时间过长导致超过时限。总经理要跟各个总监进行数据核对，做到输入的零失误。可以说，总经理既参与到每个环节，还要把握企业的发展方向，运筹帷幄，同时作为队员之间沟通的桥梁，把各个人串联起来成为一个团队。

二、总经理的战略全局观

沙盘模拟设计思路充分体现了企业发展必然遵循的历史与逻辑关系，从企业的诞生到企业的发展壮大都取决于战略的制定。这就要求总经理必须在谋求当期的现实利益基础之上做出为将来发展负责的决策。总经理必须要承担的历史责任，就是运用长期的战略思想制定和评价企业决策。作为企业的总经理，责任重大，自己的一个小小的失误就可能造成整个团队全局的失败。因此，总经理应尽自己的努力对各个方面做出相应的推算与准备——为“6 年”的运营过程做准备。

战略思维是指一个企业的总经理指定的企业发展方向，是一个概括性、不好度量的概念。作者通过近几年的研究，认为战略思维是从始至终都应该对组织成员的意识和行动有所把握，即从整体上来思考问题，远比各管一方有效率得多。

另外，如何制定企业战略也是一个相当重要的问题，不可以被无视。企业长期发展的“当期”意识制约管理者战略纵深思维的形成，对企业的持续发展和长期利益构成直接伤害。现代优秀的总经理必须树立基于现实的未来意识，也就是长远发展的大局观，因为只有总经理的价值观得以体现，其所经营的企业才能持续发展，取得最终的胜利。

三、总经理的战略准备

在每个年度的运营规划会议上，总经理和全体组员都要坐下来一起讨论制定企业的发展战略，组织其他成员做好市场情况分析及做出市场毛利图，同时建立市场、产品、时间的模型，为以后企业的整体发展方案和市场广告做准备。

（一）研究

1. 研究规则、市场需求、生产投资回收期

企业的决策全部都要在规则下制定，同时更需要符合市场的需求，因为企业的生产经营期为 6 年,那么如何投入生产线及产品？企业需要先弄清投资回报率和生产投资回收期。

2. 研究竞争对手，分析自己

弄清竞争对手的发展状况，确定谁是真正的竞争对手，同时给自己定位。

（二）分析

1. 产品

产品专业化（选出毛利比较高的产品，企业可以做到重点生产某种产品或只生产某种产品）：选出自己的主打产品，做好品牌。

2. 市场

市场专业化（集中化）：某种产品对应某个市场，做好产品、市场、时间的三维坐标体系，看好重要市场。做好市场老大，也是比赛中处于稳定地位的好方法。

市场全面化：市场全面化即可以选择所有市场，但是同样需要做好产品、市场、时间的三维坐标体系，看相关市场是否为值得投资的市场，那样能获得更好的利润。

3. 融资渠道

贷款（长/短/高）：贷款和权益有关。一般来讲，长贷用于生产线投资、产品研发，短贷用于维护生产和生产周转。

贴现：做好预算，尽量做到不贴现，贴现的费用很高，还会因为应收款的问题导致恶性循环。

生产线的安置：开局根据市场来确定生产，再根据生产总监的安排和财务总监的预算来确定怎么安置生产线。

四、总经理的战略制定

在制定战略之前做完了战略准备，同时一定要和市场总监讨论沟通，因为市场分析是最重要的环节，所有的策略、方案都是根据市场来制定的。市场决定方案，而不是方案决定市场。所以，进行准确、全方位的分析才是方案制胜的关键。

总经理配合市场总监分析市场，通常通过量、价、时、空四个要素来进行。

（1）量——市场需求量。需求量决定了自身产品能否销售出去，所以要学会以销定产来变化产品组合。

（2）价——销售价格（产品的利润）。产品的利润决定了自身的毛利，所以，在制订方案的过程中，必须对每种产品每个市场的利润进行准确分析。市场总监有目的性地去投放广告额度，来获取更高的销售额和更大的利润。

（3）时——产品出现时间。在 6 年 ERP 沙盘经营的过程中，每种产品，在每一年里的走势是不断变化的，所以要准确地抓住产品特性走势，从而使销售更加符合市场走势。

（4）空——产品空白区域。这是分析市场最关键的一个要素。因为要想在方案中胜于其他人，必须要学会分析市场空白区域在哪里。某产品的价格高、需求量大，是最表面、最基础的东西，大家都能看到，那么制订这个方案的人，肯定出现“撞车”现象，这与资本市场谚语——“众弃我取”（当别人贪婪时，请选择放弃）是同样的道理。所以，要学会抓市场空白。例如，2016 年高职国赛中 P4 以 P1 为原料的规则，最后一年 P4 价格还算不错，利润达到了 70 万元（120–50），但是由此使得 P1 形成极大的市场空白。而 P4 的利润虽然为 70 万元，但由于是吞掉了 P1，所以要减去 P1 的利润，即利润为 40 万元（70–30），而当年 P1 的价格在 49 左右。所以狠投广告去卖 P4 与很少广告卖出 P1 的效果几乎一样。所以，在销售中，必须要有市场空白的辅助产品，目的就是产品零积压、材料库存零积压。由此不占用现金流，并且最大可能地提高利润，来增长权益，为企业后续发展打下基础。

ERP 里有多种经济战略，合适灵活的战术创新往往是一个学校能不断取胜的灵魂，以下是几种常见战术。

（1）压制型。顾名思义，压制对手。从开场做起，最大限度地利用权益贷款，封锁本地市场最大利润销售线，利用“长期+短期贷款”大力发展生产与高科技路线，给每个市场都施加巨大压力，当对手喘不过气来也开始贷款时，利用他们的过渡期可以一举控制两个以上的市场，继续封锁销售线，逼迫对手无法偿还高息而走向破产。此战术不可做任何保留，短、长期双向贷款为的就是“广告+科技+市场+生产线”能最早成型，走此路线建议一定要争取做第 1 年和第 2 年的市场老大，巨额贷款的利息让人汗颜，无法控制市场取得最大销售量就等于“自杀”。

（2）跟随型。这种企业只有一个目的：不破产。等机会在竞争激烈化后收拾残局，这样的企业一般不会破产，也不会拿到第一。在产能上要努力跟随前两者的开发节奏，同时内部努力降低成本，在每次新市场开辟时均采用低广告策略，规避风险，稳健经营，在双方两败俱伤时立即占领市场。此策略的关键：第一，在于一个“稳”字，即经营过程中一切按部就班，广告投入、产能扩大都是循序渐进、逐步实现、稳扎稳打；第二，要利用好时机，因为时机是稍纵即逝的，对对手一定要仔细分析。

（3）保守型。前 4~5 年保住自己的权益不降，不贷款，小量生产，到最后一年全额贷款，开设多条生产线，购买厂房，把分数最大化。

（4）忍辱负重型。这样的企业有多种分歧，有的在前期被压马上贷款转型，占据新开发的市场来翻盘；有的只研制 P1，尽量省钱在国际市场开放后一鼓作气垄断 P1 市场争取最大销售额；有的直接跳过 P2 的研制，从 P1 到 P3 转型，用新产品抢夺市场份额；更有甚者忍 3 年，后期用纯 P4 占取市场最大毛利翻盘。这样的企业在前两年举动十分明显：不发展新产品但增加生产线，或者不抢市场份额而利用贷款增加生产线走高科技路线，此时便要时刻留意它们的发展，因为它们远比明面儿上争夺市场的人更具威胁性，必须要在它们爆发的那个时期控制住它们。

五、总经理的战略实施

在战略实施的过程中，总经理要做到胆大心细、开源节流、平稳心态、审时度势、随机应变、全盘分析。古人云：“逆境生还者，众人敬之也。”一个好的开始会对结果起决定性作用，因此投广告绝不吝啬。要有敢于实施的勇气，不给对手任何机会。

（一）审时度势，随机应变

在 ERP 沙盘 6 年的经营过程中，会遇到很多预料不到的突发事情，比方说接单不好、策略撞车、自身失误、电脑卡机等。并且同样的开局，如何才能优于他人？那就要学会，用一样的钱来办更多的事情。例如，2014 年高职国赛，扩大生产线，懂得通过灵活布局长短期贷款来降低财务费用，提高税前利润，而策略撞车（一种产品竞争激烈）后，通过开局的柔性线及时转产，将库存降至 0。提高销售额，从而提高毛利，因为产品只要卖出就会有利润存在。切忌继续硬着头皮生产，造成产品积压，因为会导致恶性循环。

（二）正确的领导决策

在 ERP 沙盘 6 年的经营过程中，企业每次做出的决策对于公司的发展都起到了重要的作用。在经营过程中，企业的总经理起到拍板定案的作用，队友的任何建议，都应该认真听取，然后通过自身经验与详细数据计算分析，确定企业如何发展，才能获得更大利润。例如，2014 年江西省赛中，我们采用 P1、P4 稳健开局的方法，而 P1、P4 前期利润较低，P5 利润极高，所以我们用了 12 手工线开局，提高了灵活性，防止后期 P5 市场很空，从而为转向 P5 做准备。最后，P5 广告战惨烈，我们依靠手工灵活转产，去卖 P1、P4，才转危为安。

（三）自身零失误

在大赛中，其实最大的敌人就是自己。比赛时，由于紧张，心理波动起伏较大，任何一个小失误，都会导致预算全部付之东流，甚至使企业走向破产边缘。例如，接单失误、产能计算出错、原料采购出错、广告投错市场、忘记转产等。在 2014 年江西省赛中，由于自己的失误，产能预算出现差错，记错了交货期，造成紧急采购产品去交货，导致没有获得第一名，所以自身零失误是沙盘取得好成绩的最大保证。

（四）组中成员的配合

作为总经理要确保每个成员的有效沟通，市场总监打多少广告、抢多少订单，不仅要看生产总监有多大产能，还要看财务总监有没有这么多钱支持生产。这也是 ERP 和 MRP 的区别。每年开始生产之前要做现金流预算。采购最好实现零库存，不然会占用现金流。ERP 沙盘中总经理最主要的责任，就是把全组人拧成一股绳，让每个人在自己的位置上都可以充分发挥自己的力量，团结是 ERP 沙盘模拟中最重要的，只有全组人团结在一起，才可以在沙盘演练中处于不败的位置！

六、总经理的注意事项

笔者接触过用友创业者沙盘、用友商战沙盘、ITMC 企管沙盘及金蝶沙盘，不难发现，这些沙盘基本都是通过角色分配，进行贷款、购置固定资产、采购、生产、销售、交货，最后收款、提取利润的模式流程。对于企业来说，这些是不可缺少的，但是如果要将沙盘做到更好，笔者觉得还应该做到：首先，市场总监根据市场预测，计算出每个市场每种产品的毛利，看看哪个市场哪种产品的毛利高；其次，大家一起讨论选择研发哪种市场的产品，并且开拓这些市场，争取做市场老大！

（一）销售计划的制订

一个好的销售计划一定是符合企业自身的特点，适用于本企业发展现状的计划。

设备投资与改造是提高产能、保障企业持续发展的策略之一。企业进行设备投资时需要考虑以下因素。

（1）市场上对各种产品的需求状况。

（2）企业目前的产能。

（3）新产品的研发过程。

（4）生产线的投放、投资分析。

（5）新建生产线。

（6）生产的产品品类。

（7）资金来源问题。

（二）如何把握 ERP 的真正时机

ERP 是指在企业资源有限的情况下，如何去整合企业可利用的资源，使之在提高企业竞争力的同时，也使企业的收益最大化。在用友 ERP 沙盘对抗赛中，要做好所经营的虚拟企业的资源计划，就需要对企业的整体资源做出长远的计划。因此，在财务方面一定要做好现金预测，这对账务总监及其助理提出了更高的要求。账务总监需要做好 ERP，这是基于战略发展的需要，战略方向确定后，账务总监就要开始这一工作。那么如何做好战略这一基础工作呢？不能凭总经理“拍胸脯、敲大腿”的决定去做。

1．能否收集到必要且准确的市场信息是企业战略制定和执行的关键

尽管很多竞争对手都身受竞争环境的困扰不得解脱，但没有人想经营破产的企业。每家企业都在尽量收集自己能掌握的信息，并对自己所掌握的信息进行筛选，再做对手的现实战略分析和未来发展方向的判断。所以当各家都认识到经营企业不是闭门造车时，都想看看别人是怎么造“车”的，也都想保护自己的战略秘密，遮遮掩掩地操作就是不让对手看到。就算经营的是财务信息相对透明的大企业，遮掩并不违规。财务信息在年末公开，等年底真的糊弄了对手，让对手做出了错误的判断，对于自己就是一场胜利。所以做好这项工作，不是件容易的事，需要掌握最新的市场信息，把握竞争对手非常细微的动作。比如在年末公布企业经营情况时，就要及时掌握竞争对手的在建工程及产品原料订单等数据，这样就会对下一年对手期初用哪条生产线、生产哪种产品做出判断。这样会尽量避免与对手在下年初同一市场上广告的拼杀。在模拟的场景中，每个市场的需求量是不变的，不断变化的是满足需求时各家的最终决策。每项决策的最终拍板并不像赌徒把钱压在“宝”上一样，若那样，付出的代价太大，认识到代价惨重时，后悔也来不及了。所以“宝”还是要压的，但胜算不是 50%，而是要有 90%的把握。

2．做好团队管理是管理团队成功的基础

没有完美的个人，却有优秀的个人，因为优秀的个人才有完美的团队。实现团队协作是参赛团队所追求的目标，然而这一目标远非说和想那样轻松。团队成员的默契若想在短时间内实现，就要在不断的冲突中充分用实践去证明自己的观点是禁得起考验的。假设财务总监对生产总监、市场总监及采购总监的行为不做出判断，当他们需要费用时就给，情况很快就会严峻起来。也可以说，此种情况的发生是其他部门对严峻的未来缺少慎重思考所致。ERP 主要是教我们如何去做企业资源的计划，而不是通过某种侥幸获得意外的收益。

七、个人作为总经理的感想和参赛回顾

（一）个人感想

我个人学习 ERP 沙盘近 3 年，练习中主要担任总经理。我发现，职务区分不是那么明显，每个人都可以做其他人所做的事情。所谓的职务区分可能就是侧重点不同，然而在这

个团队运营的时候，除了你自己要清楚做什么，也要清楚别人在做什么。作为一个总经理，你要做的不仅仅是看他们怎么做，你最大的任务是决策。做好决策的前提是，你必须了解团队中的每个人都在干什么。如果他们之间的沟通不够，那么这时总经理就应该站出来。及时告知生产总监财务的状况，不可以盲目地扩建生产线 ，以免现金断流。及时告知市场总监财务的状况，尽量减少广告支出。及时告知市场总监产能的情况，不要拿过多的订单以免违约。及时告知生产总监原料的情况，安排出最佳的生产方法，及时交单，回笼资金。及时告知采购总监财务的状况，合理地采购一些原料，使得生产总监可以安排生产。

团队中每个人的关系都很密切。基本上，每个人做的事情都会与 1~2 个人相关联，也必须通过别人的信息才能继续开展业务。如果一个成员不与其他人沟通，那么就很容易出现大的问题。

团队已越来越被当代企业所重视，团队的作用也日益显现。一个良好的团队能完善企业的经营管理。在比赛过程中，团队中的 5 名成员在整个经营过程中必须同心协力、相互信任，共同关注企业的每一步发展。各个主管先管好自己的作业，把作业预算拿出来，在会议上大家讨论，一起通过，这样每个生产链都可以预见，每个生产部分为整体而存在，最终形成一个完整的生产线，每次决定最后都由总经理做出。相互监督、互相提醒。正所谓，没有完美的个人，只有完美的团队。

（二）参赛回顾

回首一路走过的 ERP 沙盘大赛，每次比赛都是百般变化的，在这里没有什么模式可以照搬，小小沙盘蕴涵了每位参赛选手的智慧，同时也贯穿了《财务管理》《基础会计》《企业战略管理》《生产运作管理》《市场营销》《市场调查与预测》等有关课程知识。在大学里，ERP 沙盘陪我们走过的日子，有艰辛、有欢乐、有沮丧、有兴奋。在市场的残酷与企业经营风险面前，是“轻言放弃”还是“坚持到底”，这不仅是一个企业可能面临的问题，更是在人生中不断需要抉择的问题，经营自己的人生与经营一个企业具有一定的相通性。今后的生活中，我们会发扬在 ERP 沙盘中学到的精神，让自己变得更加出色！

任务二 ERP 沙盘模拟经验之财务篇

财务是一个团队的“计划核心”，任何数据都要经过财务的精密核算才能确定可行性。所有组员都必须懂得财务知识，这样才能做到与自身职位的密切结合，研讨出更科学的方案。

总经理懂财务（这里的“财务”指的是“财务知识”），才能掌握大局，轻松调控，明确企业目标，知道计划的哪里存在缺漏，及时改变方案。所以财务总监相当于半个总经理，真正好的财务总监应当能够有能力独立完成所有的企业财务内容。但是，当财务总监出现任何困难时，总经理要能够“顶得上”。

市场总监懂财务，才能控制企业经营计划，知道企业各个阶段的资金需求量，能够有足够的现金贴现，了解企业的资金运作情况。再懂一些生产知识，并了解企业能在什么时候交出怎样的货，针对这一原则，去控制广告、竞争订单。

生产总监和采购总监懂财务，才能知道企业的资金流情况，从而制订合理的生产计划，了解在什么时候可以扩大生产、如何控制材料订单，并在这一基础上学会更加合理的订单管理方法，以现金流控制为前提，提前多采购一定数量的材料，给营销方案预留后路，走双重或多重生产营销计划，最大化地利用企业的剩余现金流。

（一）长期贷款

长期贷款的利息是 10%，短期贷款的利息是 5%，第 1、第 2 季度贴息是按 10%计算的，第 3、第 4 季度贴息是按 12.5%计算的。贴现费用计入财务费用，贴现的利息大于长短期贷款的利息，而且还有可能造成循环贴现。

如果想要做到精细的话，就要考虑以下几个方面。

（1）长期贷款总贷款额度以 4 结尾。第一年的长期贷款额度是根据方案来选择的，企业生产能力大的方案基本上都是最大额度申请长期贷款；除了第二年大规模使用租赁线，如果长期贷款是通过最大额度申请的，一般情况下，长期贷款的申请期限分为 3 年期限、4 年期限、5 年期限这样搭配组合比较好，可减轻还款压力。例如，2 柔性线加 10 手工线的方案，3 柔性线加 9 手工线的方案，4 柔性线加 8 租赁线的方案，如果是 4 柔性线，手工线加租赁线或 12 手工线的方案，是可以用短期贷款来滚动的。

（2）在很多情况下长期贷款的数额与应收账款、方案有很大的关系。例如，12 手工线的方案在第 2 年操作好的情况下，第 3 年可以视情况加实线（自动或柔性），这样的话，第 3 年第 1 季度可以选择多些长期贷款，因为建实线（自动或柔性）会占用相当大一笔资金，第 4 年年初所需要的材料费会加大第 4 年的资金紧缺度，这时候就需要用应收账款贴现来还第 4 年的巨额短期贷款了，循环贴现无形中加大了财务费用，影响整体利润。

（二）短期贷款

短期贷款为 20N 的整倍数然后以 9 结尾。短期贷款要和长期贷款合理搭配，整体减少财务费用。一般情况下，短期贷款和长期贷款的比例是 2∶1，但这也不是绝对的。2014 年高职国赛 C 赛区中山技师的方案，就做得很大胆，用短期贷款做 3 柔性线加 8 手工线，研发 P1 和 P4 产品。

（三）贴现

贴现除了和长期贷款短期贷款相配合，还要避免循环贴现。在 2014 年锦州本科组全国总决赛中，阳光学院使用 3 柔性线加 9 手工线的方案，每年的贴现都较少，这无形中降低了营运的风险。贴现会直接影响财务费用的高低，但也不是不贴现就是绝对完美的，例如现金不是很宽松的情况下，可以通过贴现去多下 2 个原料订单，加大对市场选单的灵活性，以防止出现最后紧急采购原料来适应订单的搭配。当然了，仁者见仁，智者见智，关于这个问题，在实际比赛中还是要具体问题具体分析的。每种融资方式都必须要求财务总监能够精准地计算出资金需要量，灵活应用、互相结合。

（四）合理避税

关于避税的问题，第一个方法是利用年末的贴现来避税；第二个方法是利用加大产品研发投入来避税。选择前者，在下一年年初就可以拥有更多的现金；选择后者，既可以增加企业适应市场变化的能力，又可以加强企业综合发展潜力。

（五）税收方面的计算

税收看似简单，但是很多人就是没弄明白税金要怎么扣除，具体怎么操作。虽然出错的概率并不大，但是这是个很值得研究的地方。首先大家要理解几个专业术语的概念。

（1）税前利润：已经扣去综合费用、财务费用、折旧，但未扣除税金时的利润。

（2）应纳税额：税前利润扣除弥补前面年份亏损的部分之后的数额。如果该数值为负，则应纳税额为 0；如不为负，则正的部分为应纳税额，需要按照规则中税的公式进行计税，需缴纳相应的税额。

（3）应缴税金：应纳税额乘以税率（按照规则规定的税率和取整方式）。

（4）净利润：税前利润扣除应缴税金后的数额（利润表中最后一项）。

（5）所有者权益：现在大家都习惯性地简称为权益，指股东资本加上净利润。税的计算主要是指应缴税金的计算。而关于应缴税金的计算，实际上最关键的是应纳税额的计算。

下面举几个例子（初始股东资本均为 600，税率为 25%，四舍五入取整数）。

（1）假如第 1 年权益为 400，即净利润为–200。第 2 年税前利润为 201，则应纳税额为 201–200=1（弥补亏损），应缴税金为 0.25，取整后实缴税金为 0，因此这个 1 是没有缴过税的，需要累加到次年一起缴税。如果第 3 年税前利润为 5，那么应纳税额为 6（5+1），应缴税金是 1.5，取整后实缴税金为 2。而如果第 3 年税前利润为 4，那么应纳税额为 5（4+1），应缴税金是 1.25，取整后实缴税金为 1，由于实缴税金大于 0，因此虽然应纳税额 5 当中由于取整后似乎有 1 没有缴税，但实际在规定上是缴过税的，因此，这个属于合法避税。

（2）假如第 1 年权益为 400。第 2 年税前利润为 205，则应纳税额为 5（205–200），应缴税金是 1.25，取整后实缴税金为 1，并且（剩下的）0.25 不需要累计到下一年。

（3）假如第 1 年权益为 400。第 2 年税前利润为 201，无须缴税。第 3 年税前利润是–40，则权益为 561（不需要缴税），第 4 年税前利润为 41，这时候，第 1 年亏损的 200 已经弥补过，不能重复弥补，因此只能弥补 40，那么应纳税额为 1，但是前面第 2 年还有累计的 1，因此需要缴税为 1。

（4）假如第 1 年权益为 400。第 2 年税前利润为 205，实缴税金为 1。第 3 年税前利润是–40，则权益为 564（不需要缴税），第 4 年税前利润为 41，这时候，第 1 年亏损的 200 已经弥补过，不能重复弥补，因此只能弥补 40，那么应纳税额为 1，无须缴税，但是这个 1 会累计到次年。

（5）假如第 1 年权益为 400。第 2 年税前利润为 205，实缴税金为 1。第 3 年税前利润是–40，则权益为 564（不需要缴税），第 4 年税前利润为 81，这时候，第 1 年亏损的 200 已经弥补过，不能重复弥补，因此只能弥补 40，那么应纳税额为 41，缴税为 10（无须累计 1），权益为 635。第 5 年税前利润是–20，权益为 615（不需要缴税）。第 6 年税前利润为 21，那么第 6 年可以弥补的只有 20，应纳税额为 1，无须缴税，但是这个 1 会累计到次年（如果有第 7 年的话）。

任务三 ERP 沙盘模拟经验之销售篇

一、市场总监的主导作用

如果把 ERP 看成战场，那么市场总监就是我们的攻击先锋。在现实中没有市场销售对于一个企业来说就没有利润可言，没有利润就不能维持企业的生存，更何谈发展。一个企业，让资金流不断流转才能获利，而对于生产型企业来说，让资金回流的唯一方式就是销售产品，最大化地销售产品使得资金不断流回企业用于企业生产和支出，才会使得企业能够生存发展，在 ERP 模拟中才会获得成功。

（一）订货会选订单

在选单环节之前，我们通常会先通过生产总监计算好自己的产能，知道每个季度可以产多少产品，是什么产品，有多少产品是可以通过转产来实现灵活调整的。在对自己的产能情况了如指掌后，通过对整体宏观市场进行预测分析，大概确定出准备在某个市场出售多少产品，同时决定与之对应的广告费支出。

在所有组的广告投放完之后，我们可以通过短暂的一两分钟时间快速地分析出自己在各个市场选单的次序。这时候我们需要对比分析原来设计的产品投放安排，根据各个市场选单排名做出及时的调整，以保证自己可以顺利地实现利润最大化的销售额。

在实际比赛中，经常会遇到一个很纠结的问题。需求量大的单子往往单价比较低，接了这样的单子利润比较薄，有些不甘心；单价高利润大的单子，又往往是些数量小的单子，接了这样的单子又怕不能把产品都卖完，造成库存积压。到底是应该选单价高的产品还是选量大的产品？面对这样两难的问题，我们应该根据赛场上的具体情况灵活应对（以利润最大化为目标，一般没有特殊战略的话选择零库存）。

通常初期的时候，在大家的产能都比较大的情况下，由于前期发展的需要，建议以尽可能多地销售产品为目标。在后期，由于市场和产品的多样化，以及部分企业的破产倒闭，有可能导致市场竞争反而放宽。在这样的情况下，很多时候只要投 1 万元就有可能“捡到”一次选单机会，这时“卖完”已经不是企业最重要的任务，而更多地应该考虑怎么将产品“卖好”。特别是大赛，到了后期强队之间的权益可能只相差几万元，而大家的产能每年都只能产出几十个产品，这个时候如果可以合理地精选单价高的订单，很有可能出现几百万元甚至上千万元的毛利差距，这一点在第五届湖南科技大学省赛和国赛的夺冠经验上可以得到很好的诠释。

最后说一说关于订单分解的一些经验。完全是经验公式，仅适用一些标准订单，比赛时还要根据当时的情况具体分析。通常，订单最大数=该市场该产品总需求÷(参数组数÷2)。若大于 3 或 4 则向下取整；若小于或等于 3 或 4 则向上取整。第二大单的数量受第一大单影响，若第一大单大于 4 则减 2；若第一大单小于 4 则减 1。

（二）广告投放

1. 该不该抢市场老大

笔者曾经在网上做了一个调查：第 1 年，你愿意花多少广告费去抢做市场老大？结果是选择 80 万 ~ 100 万元广告费的占 9.09%；选择 100 万 ~ 200 万元广告费的占 59.09%；选择 200 万 ~ 270 万元广告费的占 27.27%；选择 270 万 ~ 350 万元广告费的占 4.55%。由此可见，大家普遍选择 100 万 ~ 200 万元的广告费。这难道是巧合吗？实际上让我们仔细算一笔账就会发现抢做市场老大的成本怎么样最划算。

首先，我们先给这个市场老大为我们带来的优势做一个时间假设。经常参与 ERP 沙盘赛的人都知道，通常由于市场逐渐拓展和产品种类的丰富，产品需求量在后两年会大幅度增加，因此，市场老大的真正价值也就是在于前 4 年的市场选单。也就是说我们暂且把第 2 年的市场老大效应算到第 4 年的市场选单。那么意味着如果我第 1 年投入的抢做市场老大的广告费为 270 万元，后期每年投 80 万元在这个市场拿两种产品的订单，那么 3 年来，在这个市场我总共投入 430 万元的广告费，每年平均在这个市场的广告费为 144 万元。那么我们就必须思考，如果我将这 144 万元的广告费分散投放在不同的产品市场，获得的订单是否会优于我们抢做市场老大的情况呢？实践证明，如果大家产能都比较少、市场竞争不激烈的情况下，144 万元完全可以很顺利地将产品卖完，这时如果不经过周密的计算，狂砸猛投广告费去抢做市场老大，显然是得不偿失的。相反，在大家产能都很高、竞争非常激励的情况下，抢做市场老大的优势才能逐渐被体现出来。

另外，规则告诉我们：“市场老大是指该市场上一年度所有产品总销售额最多的队伍，有优先选单的权利。在没有市场老大的情况下，根据广告费多少来决定选单次序。”于是就存在了一个误区，很多人以为市场老大就是比谁的广告费多。其实不然，市场老大的归属比较的是整个市场的总销售额，而非一个产品单一的销售量。举个例子：A 公司只有产品 P1，而 B 公司拥有 P1、P2 两种产品，那么在选单过程中，即使最大的 P1 订单被 A 公司获得了，但是只要 B 公司 P1 和 P2 两种产品的销售总额大于 A 公司，那么无论 A 公司投入多少广告费，市场老大仍然不是 A 公司的。这就要求我们在抢做市场老大的时候，不能只考虑靠“蛮力”猛砸广告费，更多地要考虑利用“巧劲儿”——合理的产品结构来“偷”市场老大的地位。

市场老大是把双刃剑，用得好了，直接一路高歌领先到底；用得不好，很有可能赔了夫人又折兵。因此，到底要不要抢做市场老大，以多少广告费抢做市场老大，以什么样的产品组合抢做市场老大，这些都是需要经过严密的计算后再做博弈的。

2. 该投多少广告费

广告费怎么投？该投多少？这往往是在比赛训练过程中经常遇到的一个问题，很多人希望得到一个秘籍、一个公式、一个方法，可以套用，可以保证准确性。其实在沙盘比赛过程中，几个队伍真正博弈交锋是在市场选单的过程中，产品的选择、市场的选择都集中反映在广告费用投放策略上。兵无定势、水无常形，不同的市场、不同的规则、不同的竞争对手等一切内外部因素都可能导致广告投放策略的不同。因此要想找一个公式从而做到广告投放的准确无误，基本上很难。那是不是投放广告就没有任何规律可循呢？当然不是，很多优秀的市场总监都有一套市场投放的技巧和策略。下面我们来一起探讨关于广告投放的一些基本考虑要素，从而帮助我们来更好地做好广告投放。当然还是那句话，“没有绝对制胜的秘籍”，提供的方法也仅仅给大家提供一种思路，供大家参考。

通常我们拿到市场预测数据后，首先做的就是将图表信息转换成我们易于读识的数据表。通过这样的“数字化”转换以后，我们可以清晰地看到各种产品、各个市场、各个年度的不同需求和毛利。通过转换，不仅可以让我们一目了然地知道不同时期市场的“金牛”产品是什么，来帮助我们做出战略决策，更重要的是，通过市场总需求量与不同时期全部队伍的产能比较，可以分析出该产品是“供大于求”还是“供不应求”。通过这样的分析，可以大致地分析出各个市场的竞争激烈程度，从而帮助我们进行广告费相关决策的制定。另外，除了考虑整体市场的情况，还可以将这些需求量除以参赛的队数，就可以得到一个平均值。在投广告费时，如果你今年打算出售的产品数量大于这个平均值，意味着你可能需要投入更多的广告费去抢别人手里的市场份额。反过来，如果打算出售的产品数量小于这个平均值，那么相对来说可以少投入一点广告费。除了刚才说的根据需求量分析，广告费的投放有时还要考虑整体广告方案，充分利用吃透规则：“若在同一产品上有多家企业的广告投入相同，则按该市场上全部产品的广告投入量决定选单顺序；若市场的广告投入量也相同，则按上年订单销售额的排名决定顺序。”如果在某一市场整体广告费偏高，或者前一年度销售额相对较高的情况下，可以适当优化部分产品的广告费，从而实现整体最优的效果。

特别是在投类似 20 万元、40 万元、60 万元这样偶数广告费的时候，可以考虑一下，投偶数广告额是否有必要。通常投放偶数的广告费，并不是为了多一次选单机会，而是为了压制奇数倍的广告费。如果这个时候已经处于该市场的广告总额投入比较大的情况下，那么根据选单的第二条原则："广告费相等的情况下，按整个市场的广告总额来排名"，很有可能即使少 10 万元，投了跟别的组相同奇数的广告费，也会因为整体广告费比较多而先选单。这样最终的选单效果是一样的，还可以节约 10 万元的费用，真是一举两得。

市场预测，先说最大单，数量应是市场总量的 1/3，第二大单比最大单数量一般少 2 个，然后说带 ISO 认证要求的，第 3 年就有这个要求的订单，第 4 年基本上每张订单都有这个要求，第 5、第 6 年就要占到 80%了。所以这两个认证很重要，能早出就早出，或许就能多拿到一张订单。在总结出每种产品每年每个市场最大单数量及毛利的情况之后，以上的问题就一目了然了。总的来说最好是采用多产品单市场战略，绝对不能采用单产品多市场战略。市场老大这个规则非常有影响力，第一年要多投放广告费，一定要抢下本地市场老大的位置。本地市场无论是什么产品价格都很高，与它一样的还有亚洲市场，这两个市场对于 P2、P3 来说更是这样，数量大、价格高，拿第一的保证是 P1 价格逐渐走低。后期只有一个国际市场有的赚，而 P2、P3 才是赚钱的主力，多卖一个 P3，就多 50 万元的毛利，而 P4 发展空间太小，起不到什么作用，费用还高，还是不要开发得好。第 2 年就要出 P2、P3，各位要好好考虑怎样安排生产线，是本地老大就要保持，不是就要用这两个来抢。

二、广告投入的技巧

（一）市场老大

市场老大在投广告费的时候，对于需求量相对较大的产品 P2、P3、P4 最好投 3 万元，以免有人偷袭你的市场老大地位。而且如果有第 2 次选单机会，你可以选取一张单价比较高的订单。

（二）非市场老大

在有市场老大的市场里最好打价格差，即投广告费时以 20 万元、40 万元、60 万元、80 万元为主，但是也不排除带有高广告费的情况。

（三）新市场

在新市场上，如果想要争做市场老大，广告费必须打价格差，广告总额控制在 120 万元以上。如果不想争做市场老大，广告费以 10 万元、20 万元为主。

（四）技巧

在投广告费的时候，一定要综合考虑各个组的产能及市场老大的情况。例如，某一年，本地市场中，A 组是市场老大，其产能是 8P2、12P3、8P4，而 P2、P3、P4 的总需求是 120、150、60，那么我们争做市场老大的话，在 P2 投 10 万元，或者 P3 投 30 万元，或者 P4 投 10 万元就够了。同时，据估计，其他各组就 E 组能有多余的 5P2，那么 E 组肯定是接散单，所以，我们投 30 万元或 40 万元就行了。

三、各方面分析市场

（一）市场角度

1. 本地市场

本地市场是兵家开局必争之地。前 3 年 P1、P2 价格上涨，第 4 年之后价格下滑。前 3 年可以为后期积累大量的基金，缓解贷款高利息所带来的压力。中后期可以保持经济资源持续的状态。在本地市场中，建议争夺市场老大的地位，因为产品积压导致前期资金短缺，这对发展非常不利。市场老大不是“1=1”的关系，而是“1=1+1”的关系，一次广告争夺成功等于两次主动占据市场龙头地位。

2. 区域市场

区域市场，开发期短，市场需求量大，3 年后价格明显下滑，可以在前 3 年赚取足够利润后第 4 年退出。

3. 国内市场

国内市场的成型时期与 P3 产品的开始时期极其接近，也正是 P2 产品的成熟期，此市场利润很大（相对 P2 与 P3 来说）。

4. 亚洲市场

亚洲市场，开发期长，P3 的成熟期，有 ISO 认证要求，但是利润远远大于申请认证所花费的资金。此年可以放弃区域市场的争夺而转向亚洲市场。

5. 国际市场

国际市场，P2、P3、P4 的价格平凡，但是 P1 的价格极大限度地回升，要想争此市场老大，至少要留 1 条 P1 生产线。

（二）产品角度

P1，成本低，前期需求大。因为研发周期极短，所以前两年无疑是 P1 的争夺战。

P2，成本不高，需求量稳定，材料补充快，研制周期短，倘若第一年本地市场老大位置没争夺到，可以利用提前开拓 P2 来争取区域市场老大位置。在第 3 年之后，可以由 P2 向 P3 转移继而争夺国内甚至亚洲市场老大位置。

P3，利润高，研发成本高，可以作为后期压制对手与翻盘的一把利剑，建议在第 3 年后主要生产 P3 来压制科技慢的企业。可以说，谁控制了 P3 市场，谁就能控制国内与亚洲市场。

P4、P5，研发成本极高，研发周期长，资金压力大，虽然说利润不菲，但是对生产要求很严格。

四、广告角度

想把商品卖出去必须抢到单子，小打广告小卖产品所得利润只能填补广告费与运营费用，但是贷款的利息逐年扣除，为了维护自己的权益，必须适量销售产品。

至于广告费的多少可以从多个角度考虑：如果观察到对方放弃大量产品的生产而在拼命攀科技的时候，广告费不宜过大；如果发现各企业都大量囤货时，可以避其锋芒、保单即可，也可以大胆压制，消耗对方的广告费，哪怕比第 2 名多投 30 万元，利润不在于所赚的毛利有多少，而在于与对手拉开的差距有多大，压制是一种保本逼迫对手急躁犯错的战术（2011 年国赛东北农业大学就是靠此获得一等奖）。

市场总监是在变幻莫测的战场上的一个开头先锋，他是企业精确掌握市场的变化，抓住机会在短时间内确定最适合自身企业发展的订单，在变幻莫测的市场中取得一席之地并最终获取胜利的必要条件。

任务四 ERP 沙盘模拟经验之生产和采购篇

一、生产的中坚作用

在 ERP 沙盘中，生产是一个团队“发展核心”联系非常紧密的环节。他们掌握着企业发展的生命——产品。生产总监负责生产线的建设和产品的生产。

二、生产的职能

对于“创业者”和“商战”电子沙盘来说，其采用的是信息管理系统中的企业集成化应用系统，属于 ERP 的一种模拟形态。原料的计算对应的是 ERP 中的生产计划和物料管理。而对于生产总监而言，安排生产是前提，计算原料是重点，做企业间谍是极致。对于一个生产总监来说，安排生产线的生产是最最基本的能力。当总经理决定了企业的发展规划后，对于一个生产型企业来说，如果生产总监没有尽职尽责，造成企业生产线生产产品或原料的混乱，那么企业就没有办法完成订单要求的内容，也就意味着要违约，而违约的后果会严重降低企业权益，这对企业发展是十分不利的，更会打击团队的士气。

为了使企业可以发展并且壮大起来，企业不仅能够根据产品材料组成生产产品，满足对企业最低的要求，还要尽可能多地产出产品，以最大可能利用生产线（尤其是柔性线和手工线），使生产线井然有序地生产出所需要的产品是生产总监的最基本的能力。

三、生产的技巧

首先，每一年，生产总监都需要根据市场总监和总经理给出的 ERP 制订出相应的生产线投资计划，即选择用什么样的生产线来进行生产。其次，根据市场总监的拿单情况来合理地安排生产，而市场总监在选单时需要生产总监给出生产线的产能信息，比如说第 1 年第 1 季度开始建设一条柔性线，那么到第 2 年第 1 季度市场总监开始选单前，他得到的产能信息就是第 2 年第 2 季度到第 4 季度都可以产出一个未知的产品。最后，根据给出的产能信息，市场总监才能根据生产情况选择适合企业发展的订单。这样就可以避免选择过多而造成违约的情况，这个时候就要求生产总监对企业投资的生产线及生产线的产能比较熟悉。生产总监尽量在市场总监选单时就排好这一年度企业的生产过程。并且，对于企业来说，一开始的生产线建设肯定不能是一条线。对于好几条线，特别是好几条柔性线的情况，就特别复杂，因此对于生产总监的要求很高。比如说，一个企业以 P1、P2、P3、2 条柔性线、2 条自动线（产 P1 和 P2）开局时（经典开局），如果生产总监不提前计算好各种生产线的产能情况，那么市场总监选单时就会产生混乱，从而造成生产线产能的浪费。市场总监有了生产线产能的具体情况，在选单时就有了目标和侧重点。

在安排生产时，一个重要的指标就是原料的计算，如果原料的计算不够精确，就会出现以下几个弊端。

（1）占用资金链。大规模原料的购入，会占用一部分企业运营资金，经常这样就会使企业错过很多发展机遇。比如说，没有钱做研发，没有钱进行下一步生产等情况，这个时候想到最多的情况就是贴现，可是贴现是要花费财务费用的，财务费用增多就会降低权益，这对企业发展是不利的。而我们何不在原料上下点功夫，来节省这些财务费用呢？

（2）造成过多的资源浪费。虽然一种材料耗用的钱不多，但是材料多了，耗用的钱就多了，这就造成了资源的滞后、材料占用太多闲置资金而无法售出只能放在仓库里的情况，会使企业流动资金减少。

（3）生产的条理不清。如果生产总监头脑中的原料概念是混乱的，并不清晰、井然有序，就会造成操作步骤是混乱的，从而导致有时缺少了一种原料必须进行紧急采购的情况，而紧急采购属于损失，是要降低权益的。这样就造成了不必要的权益流失，而我们的生产总监何不厘清思路来降低这种人为操作的失误呢？

四、生产线的选择

一个企业想占取大面积的市场份额必须能销售大量的产品，没有坚固的生产线根本无法与对手竞争，即使有订单也未必敢接，造成了毁约更是得不偿失。下面介绍一下我们常见的生产线。

（1）手工生产线：灵活，但是产率低，同样一年 5 万元的维护费用，但是产率远远不及其他生产线。转产灵活与折旧费低是它的优势。

（2）自动生产线：产率是最高的，折旧费用适中，即使产率最大化，也让自身效益保持稳定耗损。唯一不足的就是灵活性差、转产周期长，不建议转产，可用到最后。停产所造成的损失远比转产后所取得的经济效益大。

（3）柔性线生产线：最灵活、产率最高的生产线。缺点是折旧率高，不建议多建设，准备一条转产备用即可。

如何选择生产线取决于市场，不同的市场对应不同的生产线，主要是看从哪方面去抉择了。

五、生产总监的另一种身份

对于生产总监而言，还有一种非常重要的身份，那就是“间谍”。当前工作生产总监都可以做得十分到位的时候，也就是可以达到随机应变的程度，计算的速度能达到 5~10 分钟，这样就可以达到要求了，而比赛时，比赛时间一年是 60 分钟左右，对于有如此效率的生产总监来说，剩余的时间来干什么呢？是“愤怒的水果满天飞”，还是“各种僵尸数也数不清”？或者是“妖魔鬼怪、群魔乱舞”？这只能削弱我们比赛的意志。我们的市场总监忙着制定相应的营销策划，财务总监忙着为企业寻找各种省钱的办法，生产总监该干些什么呢？这个时候，生产总监就需要分析对手企业的信息，为企业的总经理和市场总监决策提供有效的依据。由于生产总监精通生产线的分类、产能和原料的计算，在分析现金流量表时就能发挥重大作用。生产总监可以计算对手产能，使得市场总监可以根据市场预测准确地投放广告。在获得一系列“间谍”信息后，与财务总监、市场总监进行相关的交流，就可以使彼此间的配合变得融洽、和睦。所以生产总监绝对不能浪费时间在其他事情上面，要在“间谍”方面加强锻炼、提升自己，为企业的发展付出自己的最大努力。

任务五 ERP 沙盘参赛选手感悟

一、回忆我大学 ERP 沙盘的点点滴滴

野狼写于 2013 年 6 月

省赛已经结束快半个月了，心开始平静下来。从赛前对自己的充分自信，到赛中的努力斗智，再到赛后的恍惚与激动、忐忑、狂喜。回想大学两年来的经历，泪水在眼睛里打转。我不是一个轻易流泪的男孩，我流泪的次数几乎可以数得过来。从我开始记事以来，泪水对我来说，真的就是一个陌生的词语。

大一开始进入沙盘协会，那也是后来才加入的，别人都学到了很多，去培训时遇到不懂的问题去问，很多人都会很不屑地回答，毕竟这样耽误了他们的培训时间。不过还好，学姐和学长没有这样的情绪，很是耐心地给我解答。上半年时间过得很快，记得第一次真

正的校内赛，我是临时顶上去的总经理，只因为我们组总经理没来（有其他的比赛）。我带领队友开始了一天的比赛，最后企业虽没有破产，但是成绩也不尽如人意，没有进研习部。进入研习部是大一孩子梦寐以求的，只因为会得到更多的器重，学姐学长会更看好，这里面的孩子也会更有自信。我当时还没有太多的想法，只是喜欢，因为我喜欢创业，喜欢这种在商场拼搏的感觉，这会让我更加自信。结束大一上半年的大学生活，其实说实话，真的没感觉，当时想去省赛，那儿都是高手。下学期的培训更加密集，不知道我怎么坚持下来的，后来想法越来越坚定，我要参加省赛。集训快一个月，我每天都是下课就去，学到晚上快九点，每次我回到宿舍都只是吃泡面、零食。我现在看见泡面有时候很想吃，可是等到自己吃时，就恶心。都是那时候的结果，我总算坚持下来啦。曾经也动摇过，因为大一我很努力，可是不知道往哪方面努力，很多都是无用功。现在我站在自己的角度看是这样的，不过我要说这是每个人必须经历的，否则不可能会有后来的进步。在我动摇的时候，给学姐打过电话，至于名字我就不说了，我很感谢她，没有她在沙盘上对我的鼓励，也许我早就从沙盘协会这个家庭撤走了。那么后来的很多事，我也就没有机会参加，更不用说我还做了一届的会长，真是造化弄人，感谢学姐！真心感谢！

后来经过他们的鼓励、信任、支持，我参加了省赛。不过当时分组后，我就想着我们是去当炮灰的，无所谓了。我去学习经验，然后明年一定会自己努力重新杀回来，自己带队。省赛最后的结果，也算是给了我们一个安慰，荣获了省赛二等奖，这是我没有想到的，因为友谊赛每次都是垫底的，都是各种优秀奖。我当时想最多也就获得三等奖，出乎我的意料了。不过说实话，真的没有经验，要有今年的经验，我相信成绩会更好，那匹黑马也可能就是我们啦。不过也还算能接受，毕竟第一次参赛，虽然有很多的遗憾、不甘心。我记得当所有队友在唱歌的时候（KTV），我躺在沙发上，想了很多。是继续坚持，还是放弃？我最后还是坚持省赛前的想法，我要重新回来，一定会的。给自己一个机会，一个不再后悔的机会。

省赛结束，开始复习。对了，忘了说一句，我为了沙盘，逃过课、请过假、耽误过功课，有时候在想我要是不玩沙盘，会不会是学霸。因为我学习很有自己的一套方法。我高考要是可以正常发挥，也不至于来到这儿，会去更好的学校。高考成绩出来，班主任说很差，没有达到我的真实水平。我没有哭，我说这就是命吧。班主任嘱咐我很多话，我现在还铭记在心，只是学习没有了从前的劲头与精力。大一最后的考试，我开始努力复习，每次走到实验楼三楼我都会回头看看实验室，感觉心里空空的，有一种难受的感觉。我跟自己开玩笑，要不明年自己让实验室开花，亮起来，大一很快就结束啦。

大二开始，沙盘协会就交到我们手里，我们开始纳新。很多情况我们都不懂，纳新也没有经验。开始只纳新不到 80 人，很是头疼。最后还好，李宁老师——我的带队老师做了一次宣讲会，纳新人数才达到我想要的结果。真心感谢这一年她对我的信任、帮助、支持。纳新的时候我请过假，也逃过课，每次都低声下气，因为要求人办事。我都忍了，那还不是为了一次机会，也算报答上届对我们的恩情。我再苦再难，都要坚持下去，因为我们是社团的第二届负责人，上届比我们更辛苦、更难，所以再多的苦、难我也可以坚持下来。纳新结束就是培训，很感谢李明燚学姐去帮助我们讲解，当时说真的，我们没有人敢上台讲，学到的一点皮毛都在放假时候吃到肚子里啦。那就抓紧时间来学习，我开始上台讲，说实话，水平真的不高，还好没有误人子弟。最多的一次培训，我给 180 个会员大概讲了 3 个小时，回到宿舍我真是一点话都不想说。不过，还是坚持下来了，谁让我的责任更大呢？谁也不能埋怨，牙碎了也要咽到肚子里，不能吐出来。陆陆续续地培训，会员也开始少了起来，每年都是这样，我努力地进行培训，并且想方设法留人。很快大二上学期结束。

大二下学期，压力、任务更大，因为要带队参加校级联赛，很多次，遇到了包括车、吃各种问题。还是感谢李宁老师，虽然您怀有身孕，身体不方便，还是尽自己最大的努力来帮助我们，我真的很感动。我就想不管怎样，我都要用好的成绩来回报您，这是我唯一可以做到的，也是您最希望看到的。在各种校级联赛，我们成绩比以前好很多，不过我没有骄傲，我能看清形势，不会糊涂。每次回来我都会想自己的不足，改正，看别人的资料，学习别人的想法、思路、对每个市场和规则的反应。我很感谢我的队友，在清明节可以牺牲自己的假期，来打网赛，我很感动，感谢他们的支持与信任。当我得知省赛的任何消息时，我心里都会紧张、激动。我会不停地想，反过来去告诉培训的队友，以及大一的会员。我把自己知道的都告诉他们，不管他们有没有压力，但是我的压力一直都在。随着省赛的来临，我的压力越来越大。反过来看培训，我很多做得不好，因为我太强调成绩，也许无形给了他们很多压力。省赛来临，我越来越激动、兴奋、害怕。我不让他们看出来，装作没事一样，张瑞说没有看出来我的紧张。在培训中，在研究方案中，有很多的不开心，也有很多的乐趣，大家都憋在心里，虽然不说，但谁不明白呢。大家都在想着省赛要取得好的成绩，这是我们所有人的目标，对于我来说，这就够了。想想我还是挺自私的，为了高数考试，手机还关机一上午，直到走出考场。不知道我哪来的勇气与自信，但我相信自己。

省赛抽签，抽到 U06，这是一个神奇的组号，因为 5 月 26 日的交流赛，我们也是这个组号，我们四个人一组也是拿了第一名。我的队友王松说："这是咱们的崛起，一发不可收拾。"因为在这半年的交流赛中，一直是千年老二，没有拿过第一名。省赛也许给我们开了一个玩笑，这个组号给我很大的信心。比赛出现很多的意外，包括"间谍"，马上没有时间了，我选择"间谍"时间开始时，电脑出现问题。说实话，要不是我参加过那么多次交流赛，就慌了，还好一边处理，一边换电脑，最后只"间谍"了 5 组。本来是 16 组的，我就和队友说咱们赌一把，要么火，要么死。最后老天爷相信我们，火了。在第 3 年发权益的时候，我本来以为权益被别人拉开了，可是结果出来，我们的权益是第一名，比第二名多了快 200。我操作时手都在抖，我让自己平静好几分钟才重新开始操盘。第 4 年结束，抢完第 5 年单子，一天的比赛结束，还有最后 1 年在第二天。我回来就打开电脑，和队友一起研究"间谍"，发现打比赛真的很激烈，最后确定两组有竞争力的，可以和我们争第一名。李宁老师打电话来嘱咐我好好休息，让我放松。我研究好后，关电脑，就躺着想会出现的各种问题，居然睡着了，虽然老是醒来。早上醒来后，我更加激动，还好有河北的同学给我加油、鼓劲，说我会成功。很感谢比赛两天她的鼓励，让我更加自信。第 6 年的抢单我和齐大那组互相看着笑，因为我们两组争第一名，我虽然笑，可是心里很是谨慎，在竞单时，我们组的效果还不错，比我预想得好，当时我就真正地笑了，因为没有出现我想的意外。不出意外，我们的沙盘成绩是第一名。真的很激动，在等成绩的那段时间，我经常心跳加快，李宁老师还来看我们了，那么的不容易，都怀孕六七个月了，我想我的师弟不会恨我们这样折腾老师吧。最后真的打进国赛了，这是一个属于所有为沙盘付出的朋友的时刻，我流泪了，没有让队友看到，我的队友抱在一起哭得一塌糊涂。没有真正经历过的人，我想不会理解我们的心情，这是所有的发泄，不管曾经有多少不快乐，都会在这一刻释怀。

老师很高兴，琦姐说这是给老师的一个大礼包。我们系领导也很高兴，书记、主任请我们吃饭，给我们摆庆功宴，我想说的是一句真心的感谢，感谢领导、老师对我们的关心、认可。如果没有老师、领导的支持，我们再怎么努力也不会有这样的成绩。感谢支持，我们只能再努力奋斗，用更好的成绩来回报这份恩情。本科国赛这是第一次，高手很多，我们会竭尽全力，争取夺得荣誉。

说实话，我的压力减轻了很多了，因为能有一个最基本的交代。最起码我在去年省赛的时候给自己定的小目标实现了，还能给队友一个交代。在这里很感谢所有支持我的人，没有你们的默默支持，不会有现在的成绩；也感谢曾经质疑过我的人，没有你们，我不会坚持到现在，我始终认为用成绩来回应质疑是最有力的武器。然而，我的新压力也来了，国赛虽然是第一次，可是对我和队友来说也是一个更大的挑战，我和队友会顶住压力，希望再次有突破。

国赛在即，我的队友，咱们一起加油。相信自己，只有胜利，才能换来华丽的转身，回眸一笑。这才是王道。我们一起努力，继续前进，争取有更大的突破。加油！

二、随想沙盘之回顾青岛国赛

野狼写于 2013 年 11 月

回顾，点点滴滴……终于可以有一个周六让我躺在床上，戴上耳机听着音乐，暂时抛弃所有的一切，随心所欲地放纵一次。想想走过来的一路，心里还是有一点点心酸，以及淡淡的忧伤。还是从青岛国赛说起吧，那是我第一次站在本科国赛的赛场上，也许是最后一次，但成绩却让我不能接受。我不怪任何队友，是我没有做好我该做好的一切。我只想说，不是水平问题，太多的问题出现了。有谁能理解我带领队友一起走过的路呢，有谁知道我熬夜看数据？为了那次比赛，有时候突然想起一个方案，我会停下复习，去演算。我到现在还是不能释怀，队友有晕车的。那么热的天气，那么多的东西，不是回家，是去比赛，这需要最好的状态；也不是交流赛，是我们从大一就梦寐以求的比赛。当我终于站在那个比赛场地，我们却失去了原来的期待和激情。我两年的努力，在那一刻却失去了色彩，我只想对那次比赛说一声“见鬼去吧”。当时的我处于自己的巅峰时刻，现在所有全然没有了味道。也终于理解某位大神和我说的，为什么参加国赛就是自杀式玩法。

也许这就是“沙盘人”的命吧，我没能去创造一个属于自己的历史。大二一年带协会，也许这是完美而有遗憾的事情吧。所有事情都很顺利，在比赛前，虽然都说国赛高手如云，可是我从没有惧怕过谁，可能水平会有差距，我总是认为不足以影响最后的成绩。用一种最让我没有想到的方式结束了我的国赛一等奖的梦想，我曾经多少次幻想过站在最高的领奖台。比赛前，我还和李宁老师信誓旦旦地说，我能拿到好成绩，并作为一个礼物送给她。到底为什么没有拿到一等奖，我不想多说，也不想解释，知道内情的人知道就好，追根溯源我是有那么一点点怨气的，当然不是怨恨队友。玩沙盘的人能有几次站在国赛赛场上，又能有几次全身心地投入进去呢？我估计我就这一次了，我不承认我输在水平上了，即使我们的赛区被称为“死亡之区”。我真心不想再碰沙盘了，一个给我自信和伤心的神奇的东西，现在我又能怎么办呢？虽然换届了，我不再训练沙盘了，可是我还要一直准备着。等到有一天需要我的时候，我还是会一如既往地前进，不管前面有多大的困难和压力。即使我有再大的怨言，我也要继续奔跑，否则辛辛苦苦带起来的协会和这些孩子们，我怎么对得起他们呢？我又怎么对得起李宁老师的一番信任，以及所有支持我的老师和朋友呢？说到这里，我很感谢郭爽辅导员，她一直尽自己最大的努力给我假期，让我有充足的时间去处理很多事情，否则我们协会也不会有这样的成绩。还要感谢一个人，就是我的班长——王思童，大一要不是他的鼎力帮助，我也许就没有机会和充足的时间去了解沙盘。每次到大一出观众的时候，一有沙盘培训他就会给我们串当观众的时间，真心感谢兄弟的一路支持，都说一个真正的“沙盘人”一路走过来，需要很多人的支持与帮助。在这里，我再次感谢所有给予我帮助的亲朋好友，谢谢你们。我不敢说自己是一个“沙盘人”，只能算一个沙盘爱好者。沙盘给予我太多，我对沙盘也付出了很多。其实玩沙盘最大的收获不是所谓的成绩，而是我认识了那么多兴趣相投的朋友，有空在群里聊天是那么开心。大家有些虽未谋面，可是有一种莫名的感情，在一起偶尔谈论人生感想和人生规划。大家抛开本科和高职的偏见，不管一切，不管是已经工作了，还是正面临毕业，还是继续奋斗在比赛途中，是那么开心。天南海北，全国那么多省份的朋友，你们是我最大的收获。很高兴认识我的师傅，很感谢师傅对我的帮助，也很高兴有自己的徒弟——两个妹妹。你们加油，虽然你们还在“路上”，我相信你们能在下次的国赛，“屠杀”全场，展现自己的风采，留下自己的传奇。不管如何，坚持下去，相信自己。七里、娜娜、玥，我看好你们，一起努力奋斗！这学期所幸拿了一等奖学金，还拿了国家励志奖学金。我大三了，渐渐退下来，好好学习，为自己的未来就业打算了。忙于各种考试，我也不知道到底有多大的用处，可是我除了这样，又能如何呢？心里有太多的想法已经没有机会和时间去做了，唯有埋头苦干，好好学习，抓住最后的一点时光。清空所有的荣誉，淡化所有的虚荣，平静内心，走出自己的特色，在剩下的大学日子不留遗憾。尽量充实自己，不知道现在做的事情到底有多大的用处，既然已经选择上路，我就不会退缩。说到这里我有点难过。

也许大一的孩子刚进入大学，感觉我很牛的样子，可以带着你们培训，甚至在选人的时候有自己的主动权。作为一个在协会走过来的学长，我真心有辛酸。如果再次让我选择，我宁愿做一个受训者，好好努力接受培训，研究比赛的东西，而不愿去管这么多事情。只要做到比赛离了你就不会有好成绩，有了你就有机会有好的成绩，如果你的实力能达到这个境界，就一定会被选去参加比赛。何必去担心很多问题呢？我真心害怕这样的环节，每次这个时候我都很伤心。我不知道为什么，我哪里做得不好，为什么一涉及利益的时候，就会出现问题。我既然站在那个位置，就必须从那个角度想问题，我要考虑很多因素，否则对所有人都是不公平的。要是说付出，所有人都在付出，任何人付出的都不少，我就是想把好处和利益给大家分配得均衡点，不能都给一个人。我敢说我至少在利益面前，没有那么多的私心，我没有哪一件事情做得不能拿到公开场合让大家说道。请大家不要担心。如果很多人对我有意见，那是我的错。要是大家都不太赞同你的想法和观点的时候，请自己反思一下，是不是太功利了。是自己的东西就不需要抢，迟早是自己的，不是自己的，何必强求呢？顺其自然就好。我还是把友谊放在很重要的位置，所以我宁愿舍弃很好的平台和机会，也不想破坏友谊。没必要，在我看来，还是情谊长久。但愿我不会再遇到这样的情况，没有太多的公平和不公平，静下心来，好好反思自己，是不是有点过了呢？

现在大二的孩子们，我多么希望你们能在未来的沙盘赛场展现自己的风采，站在最高的领奖台上，拥有属于自己的那一刻，只因为曾经的梦想和付出而骄傲，流下激动和释放的眼泪。我不想你们出现我曾经的情况，流下憋屈和不服，以及遗憾的泪水。咱们协会今年总成绩第二名，当选校级优秀社团。第二届就有这样的好成绩，离不开你们的付出，也算我们这届留给你们的一点荣誉和压力吧，再接再厉。我最大的梦想就是咱们协会可以站在国赛最高的领奖台上，即使不是我，和我没有直接的关联，那一刻我也会释放。为你们自豪，和你们一块儿欢呼，历史的时刻始终是值得普天同庆的。不知道在我毕业前还能不能看到这一刻，分享这样的喜悦。感谢我的伙伴——王松、朱攀东、韩雪松，很珍惜和你们一起奋斗的日子，回想起来是那么有滋有味；感恩我的师姐、师哥——康晓晨、李明燚、寇志宇，很感谢你们不厌其烦地传授沙盘知识，回想起来还是那么亲切；期待我的学弟、学妹——陈镇威、张瑞、孟繁红、胡星，很感谢你们的支持、坚持和投入，看好你们一起创造属于你们自己的历史；感谢我的舍友——王思童、吴哲明，还有我的老乡鲁国兵，你们经常在比赛前听我唠叨，估计耳朵都起茧子了吧，特别感谢一路来的理解和帮助。

三、随想沙盘之黑龙江省高职省赛总决赛

野狼写于 2014 年 6 月

我现在也在做兼职，是代课老师，也是关于沙盘的。我会珍惜这次机会，好好对待，担负起责任。希望一切能照着自己的预想走下去，给予这次机会一个完美的答案，也算对得起前辈的信任。这也是对自己的一个挑战和锻炼，也全当给家里减轻负担了吧，最起码现在的课时费够自己的生活费了，比起在肯德基和必胜客勤工俭学的朋友，稍微好了那么一点吧。

现在的我大三，本来是要放弃沙盘的，似乎总是感觉玩沙盘的人，都有一个可以感动自己的故事。黑龙江省沙盘的高职省赛结束了，伴随着这次比赛的结束，我也应该结束自己的沙盘比赛生涯了。从去年，自己到赛场打拼，到现在的站在赛场外，默默地期待我的小朋友们给我一个惊喜。

4 月 10 日开始每天 3 个小时的培训，不管什么天气，我从来没有迟到过，也没有抱怨过，我只想从零基础把你们带起来。我给自己一个挑战，也给你们一个挑战，我们的目标就是那个唯一的第一名，所有的人都在努力。说实话，我想要第一名，我要告诉曾经说我水平有差距的人：不要再说我了，这不是我的问题。

如果我可以在短时间内把零基础的孩子，带到省赛第一名，这和我去国赛拿一等奖是同样的挑战。这是我自己认为的。我也不怪你们，因为都在努力，时间太短，也是我做得不好。我什么都想到了，但是就是没有想到你们不听我的话，总是认为我说的话，是那么的可有可无，这也是我的问题。我说过了，你们会是我第一次这样用心带的学生，也许是最后一次了吧。今后我有机会会去代课、去培训，再也不想带比赛了。

其实，能和你们一起这么久，我很开心，也很欣慰，感谢你们一直以来的陪伴。五一的假期、平时晚自习的培训，给我太多的感动。都说过程是最重要的，虽然不是我要的结果，但是，记住我和你们说的话，开始玩沙盘是游戏，后来是比赛，最后是做人。通过咱们这么久的坚持，你们有所收获就好，也相信这是你们成长的一个难忘的经历。

每个人成长的过程，都有让自己难以释怀的事情。去年青岛的国赛，我现在开始释怀，我会慢慢开始承认我的失败，确实是我的实力和水平不高。我再也不想去比赛，对于我这就是折磨。很多沙友最近传来省赛的捷报，成功入围全国总决赛。等着我，我一定会自费去国赛找你们游玩，锦州和天津的小伙伴们，期待那时候的相遇。说好的不醉不归，说好的偶遇。这个暑假，是属于我们的时代。虽然我不能和你们一样在赛场驰骋，但是沙盘的情结一直和你们一起。对于入围国赛的小伙伴们，预祝你们在国赛取得好成绩；没有比赛的伙伴们，接下来的省赛，顶住压力，拿到入场券。我在锦州和天津等待和你们相聚。

忙了那么久了，感觉好多都陌生了。我也该好好学习了，我也要做自己的事情，现在也面临就业的问题了，压力挺大的。人有悲欢离合，月有阴晴圆缺，此事古难全。这周六，

我把这个班的课上完，就不代课了。我想好好平静下来，能每天去图书馆看看书、学习，过好我最后的大学生活，不想再有事情来打扰我的生活。我想休息一段时间，没有奋斗，没有目标，没有压力，只有我想要的悠闲。

我的小朋友们，要是真的对沙盘感兴趣，我相信你们不会放弃，不是为了你们学校，不是为了你们主任，也不是为了我，而是因为兴趣和执着。说好的第一名，欠我的第一名，当你们有谁可以把第一名还给我的时候，我也就释怀了。其实现在的你们，不需要有人培训，只需要坚持看资料，坚持自己训练。有那么好的实验室和设备，有什么理由不去坚持呢？需要的资料，我给；没有平台，我给。其实换句话说，这也不是大学的全部，只是一个兴趣罢了。剩下的路，你们自己走。

当你们如果有幸能再次站在省赛的赛场上，我说如果，我会再次陪你们比赛，只是默默地看着，没有期待，没有心情的波动和紧张。实验室留下所有人的身影，只是回忆。明天在哪里，谁都不知道。

感谢顾主任和冯博师兄的支持和信任，我没有做到让你们满意，你们一直对我特别的照顾，我会记在心里的。感谢小朋友们的陪伴和坚持，给予了我感动；感谢王妤冰的理解和祝福，期待一次不醉不归；感谢我邀请的全国大神们对市场的分析，很惭愧，没有“屠城”，不过真心感谢你们的帮助，谢谢！不多说了，就这样吧，一切都结束，一切也都刚开始，就看自己怎么看了。

感谢一路走来所有给予我帮助的老师、朋友。我会忘记不开心，慢慢从低落的情绪中走出来！

任务六 ERP 沙盘经典赛事数据分享

一、2018 年经典赛事数据分享

（一）竞赛规则

1. 融资规则

融资规则，如表 4-1 所示。

表 4-1 融资规则

贷款类型	贷款时间	贷款额度	年息	还款方式
长期贷款	每年年初	所有长期贷款和短期贷款之和不能超过上年权益的 3 倍	10%	年初付息，到期还本
短期贷款	每季度初		5%	到期一次还本付息
资金贴现	任何时间	视应收款额	10%（第 1 季度、第 2 季度），12.5%（第 3 季度、第 4 季度）	变现时贴息，可对第 1 季度、第 2 季度应收联合贴现（第 3 季度、第 4 季度同理）
库存拍卖	原料按 8 折，成品按成本价			

规则说明：

（1）长期贷款和短期贷款的信用额度。

长期贷款和短期贷款的总额度（包括已借但未到还款期的贷款）为上年权益总计的 3 倍，长期贷款、短期贷款必须为大于或等于 10 万元的整数倍申请。例如，第 1 年所有者权益为 358 万元，第 1 年已借 5 年期长期贷款为 506 万元（且未申请短期贷款），则第 2 年可贷款总额度为 568 万元（358×3−506）。

（2）贷款规则。

① 长期贷款每年必须支付利息，到期归还本金。长期贷款最多可贷 5 年。

② 结束年时，不要求归还没有到期的各类贷款。

③ 短期贷款年限为 1 年，如果某一季度有短期贷款需要归还，且同时还拥有贷款额度时，必须先归还到期的短期贷款，才能申请新的短期贷款。

④ 所有贷款不允许提前还款。

⑤ 企业间不允许私自融资，只允许企业向银行贷款，银行不提供高利贷。

⑥ 贷款利息计算时四舍五入。例如，短期贷款为 210 万元，则利息为 10.5 万元（210×5%），四舍五入后，实际支付利息为 11 万元。

⑦ 长期贷款的利息根据长期贷款的贷款总额乘以利率计算。例如，第 1 年申请 504 万元长期贷款，第 2 年申请 204 万元长期贷款，则第 3 年所需要支付的长期贷款利息为 70.8 万元［（504+204）× 10%］，四舍五入后，实际支付利息为 71 万元。

（3）出售库存规则。

① 原料按 8 折出售。例如，出售 1 个原料获得 8 万元（10×0.8）。

② 出售产成品按产品的成本价计算。例如，出售 1 个 P2 获得 30 万元（1×30）。

2. 厂房规则

有关厂房规则，如表 4-2 所示。

表 4-2 厂房规则

厂　房	买价（万元）	租金（万元/年）	售价（万元）	容量（条）
大厂房	420	42	420	4
中厂房	300	30	300	3
小厂房	180	18	180	2

规则说明：

（1）租用或购买厂房可以在任何季度进行。如果决定租用厂房或厂房买转租，租金在开始租用的季度交付，即从现金处取等量钱币，放在租金费用处。一年租期到期时，如果决定续租，需要重复以上操作。

（2）厂房租入 1 年后可做租转买、退租等处理（例如，第 1 年第 1 季度租厂房，则以后每年的第 1 季度末“厂房处理”均可“租转买”），如果到期没有选择“租转买”，系统自动做续租处理，租金在“当季结束”时和“行政管理费”一并扣除。

（3）要新建或租赁生产线，必须购买或租用厂房，没有租用或购买厂房不能新建或租赁生产线。

（4）如果厂房中没有生产线，可以选择厂房退租。

（5）厂房出售得到 4 个账期的应收款，在紧急情况下，可进行厂房贴现（第 4 季度贴现），直接得到现金，如厂房中有生产线，同时要扣租金。

（6）厂房使用可以任意组合，但总数不能超过 4 个，如租 4 个小厂房或买 4 个大厂房或租 1 个大厂房买 3 个中厂房。

3. 生产线基本规则

生产线基本规则，如表 4-3 所示。

表 4-3 生产线基本规则

生产线	购置费（万元）	安装周期（季）	生产周期（季）	总转产费（万元）	转产周期（季）	维护费（万元/年）	残值（万元）
超级手工线	35	0	2	0	0	5	5
租赁线	0	0	1	20	1	70	–85
自动线	150	3	1	20	1	20	30
柔性线	200	4	1	0	0	20	40

（1）在“系统”中新建生产线，需要先选择厂房，然后选择生产线的类型，特别要确定生产产品的类型；生产产品一经确定，本生产线所生产的产品便不能更换，如需更换，应在建成后，进行转产处理。

（2）每次操作可建一条生产线，同一季度可重复操作多次，直至生产线位置全部铺满。自动线和柔性线待最后一期投资到位后，必须到下一季度才算安装完成，允许投入使用。超级手工线和租赁线当季购入（或租入）当季即可使用。

（3）新建生产线一经确认，即刻进入第一期在建，当季便自动扣除现金。

（4）不论何时出售生产线，从生产线净值中取出相当于残值的部分计入现金，净值与残值之差计入损失。

（5）只有空的并且已经建成的生产线方可转产。

（6）当年建成的生产线、转产中生产线都要缴纳维护费；凡已出售的生产线（包括退租的租赁线）和新购正在安装的生产线不缴纳维护费。

（7）生产线不允许在不同厂房移动。

（8）租赁线不需要购置费，不用安装，不提折旧，维护费可以理解为租金；其在出售时，可理解为退租，每条生产线系统将扣 85 万元的清理费用，计入损失；该类生产线不计小分。

（9）超级手工线不计小分。

生产线折旧规则，如表 4-4 所示。

表 4-4 生产线折旧规则

单位：万元

生产线	购置费	残　值	建成第 1 年	建成第 2 年	建成第 3 年	建成第 4 年	建成第 5 年
超级手工线	35	5	0	10	10	10	0
自动线	150	30	0	30	30	30	30
柔性线	200	40	0	40	40	40	40

当年建成生产线当年不提折旧，当净值等于残值时，生产线不再计提折旧，但可以继续使用。

4. 产品研发投资规则

要想生产某种产品，先要获得该产品的生产许可证。而要获得生产许可证，则必须经过产品研发。P1、P2、P3、P4、P5 都需要研发后才能获得生产许可证。研发需要分期投入研发费用。产品研发投资规则，如表 4-5 所示。

表 4-5 产品研发投资规则

名　称	开发费用（万元/季）	开发周期（季）	开发总额（万元）	加工费（万元/个）	直接成本（万元/个）	产品组成
P1	10	2	20	10	20	R1
P2	10	3	30	10	30	R2+R3
P3	10	4	40	10	40	R1+R3+R4
P4	10	5	50	10	50	P1+ R2+ R4
P5	12	5	60	10	60	P2+R1+R3

产品研发可以中断或中止，但不允许超前或集中投入。已投资的研发费用不能回收。如果开发没有完成，"系统"不允许开工生产。

5. ISO 资格认证规则

ISO 资格认证规则，如表 4-6 所示。

表 4-6 ISO 资格认证规则

ISO 类型	每年的研发费用（万元）	年限（年）	全部研发费用（万元）
ISO 9000	10	2	20
ISO 14000	15	2	30

无须缴纳维护费，可中途停止使用，也可继续拥有资格并在以后年份使用。ISO 认证，只有在第 4 季度末才可以操作。

6. 市场开拓规则

市场开拓规则，如表 4-7 所示。

表 4-7 市场开拓规则

市　　场	每年的开拓费（万元）	开拓年限（年）	全部开拓费用（万元）
本地	10	1	10
区域	10	1	10
国内	10	2	20
亚洲	10	3	30
国际	10	4	40

无须缴纳维护费，可中途停止使用，也可继续拥有资格并在以后年份使用。市场开拓，只有在第 4 季度才可以操作。当投资中断时，已投入的资金依然有效。

7. 原料规则

原料规则，如表 4-8 所示。

表 4-8 原料规则

名　　称	购买价格（万元/个）	提前期（季）
R1	10	1
R2	10	1
R3	10	2
R4	10	2

（1）没有下订单的原料不能采购入库。

（2）所有预订的原料到期必须全额现金购买。

（3）在紧急采购时，原料是直接成本的 2 倍，即 20 万元/个。在利润表中，直接成本仍然按照标准成本记录，紧急采购多付出的成本计入综合费用表中的“损失”项。

8. 选单规则

在一个回合中，每投放 10 万元广告费理论上将获得一次选单机会，此后每增加 20 万元理论上多一次选单机会。例如，本地 P1 投入 30 万元 表示最多有 2 次选单机会，但是能否选到 2 次取决于市场需求及竞争态势。如果投放小于 10 万元广告费则无选单机会，但仍扣广告费，对计算市场广告额有效。广告投放可以是非 10 倍数，如 11 万元、12 万元，且投 12 万元比投 11 万元或 10 万元优先选单。

投放广告，只有裁判宣布的最晚时间，没有最早时间，即你在系统里当年经营结束后即可马上投下一年的广告。

在选单时，首先，由上一年该市场的市场老大优先选单；其次，以本市场本产品广告额投放大小顺序依次选单，如果两队本市场本产品广告额相同，则看本市场广告投放总额，如果本市场广告总额也相同，则看上年本市场销售排名；如仍无法决定，先投广告者先选单。第一年无订单。

在选单时，两个市场同时开单，各队需要同时关注两个市场的选单进展，其中一个市场先结束，则第三个市场立即开单，即任何时候会有两个市场同开，除非到最后只剩下一个市场选单未结束。如某年有本地、区域、国内、亚洲四个市场有选单，则系统将本地、区域同时放单，各市场按 P1、P2、P3、P4、P5 顺序独立放单；若本地市场选单结束，则国内市场立即开单，此时区域、国内二市场保持同开，紧接着区域结束选单，则亚洲市场立即放单，即国内、亚洲二市场同开。选单时，各队需要点开相应的市场（如“国内”），某一市场选单结束，系统不会自动跳到其他市场。

提请注意：

（1）出现确认框，要在倒计时大于 5 秒时点“确认”，否则可能造成选单无效。

（2）在某细分市场（如本地 P1）有多次选单机会，只要放弃一次，则视同放弃该细分市场所有选单机会。

（3）选单时各队两台电脑同时连接入网。

（4）本次比赛有市场老大（市场老大指上一年某市场内所有产品销售总额最多且该市场没有违约的那家企业，如果出现多组销售总额相等的企业，市场老大随机产生或无老大。）

9. 竞单会

在第 4 年和第 6 年订货会后，召开竞单会。系统 1 次同时放 3 张订单同时竞标，具体竞拍订单的信息将和市场预测图一起下发。

参与竞标的订单标明了订单编号、市场、产品、数量、ISO 要求等，而总价、交货期、账期 3 项为空。竞标订单的相关要求说明如下。

（1）投标资质。

参与投标的公司需要有相应市场、ISO 认证的资质，但不必有生产资格。

中标的公司需要为该单支付 10 万元标书费，计入广告费。

如果（已竞得单数+本次同时竞单数）×10 >现金余额，则不能再竞，即必须有一定的现金库存作为保证金。如同时竞 3 张订单，库存现金为 54 万元，已经竞得 3 张订单，扣除了 30 万元标书费，还剩余 24 万元库存现金，则不能继续参与竞单，因为万一再竞得 3 张，24 万元库存现金不足以支付标书费 30 万元。

为防止恶意竞单，对竞得单数进行限制，如果［某队已竞得单数>ROUND（3×该年竞单总数/参赛队数）］，则不能继续竞单。

提请注意：

① ROUND 表示四舍五入。

② 如某队已竞得单数= ROUND，则该队可以继续参与竞单。

③ 参赛队数指经营中的队伍数量，破产退出经营的则不算在内。

如某年竞单，共有 40 张订单，20 队参与竞单，当 1 队已经得到 7 张订单，因为 7>ROUND（3× 40/20），所以不能继续竞单；但如果已经竞得 6 张订单，可以继续参与。

（2）投标。

参与投标的公司需要根据所投标的订单，在系统规定时间（90 秒，以倒计时形式显示）内填写总价、交货期、账期 3 项内容，确认后由系统按照下述公式计算得分：

得分=100+（5−交货期）×2+应收账期−8×总价/（该产品直接成本×数量）

以得分最高者中标。如果计算分数相同，则先提交者中标。

提请注意：

① 总价不能低于（可以等于）成本价，也不能高于（可以等于）成本价的 3 倍。

② 必须为竞单留足时间，如在倒计时小于或等于 5 秒再提交，可能无效。

③ 竞得订单与选中订单一样，算市场销售额。

10. 订单违约

订单必须在规定季或提前交货，应收账期从交货季开始算起。应收款收回系统自动完成，不需要各队填写收回金额。

11. 取整规则（均精确或舍到个位整数）

（1）违约金扣除——四舍五入。

（2）库存拍卖所得现金——四舍五入。

（3）贴现费用——向上取整。

（4）扣税——四舍五入。

（5）长短期贷款利息——四舍五入。

12. 关于违约问题

所有订单要求在本年度内完成（按订单上的产品数量和交货期交货）。如果订单没有完成，则视为违约订单，按下列条款加以处罚。

（1）分别按违约订单销售总额的20%（四舍五入）计算违约金，并在当年第4季度结束后扣除，违约金计入“损失”。例如，某组违约了以下两张订单，违约订单如图4-1所示。

订单编号	市场	产品	数量	总价	状态	得单年份	交货期	账期	ISO	交货期
180016	本地	P2	2	146 W	违约	第2年	3季	0季	-	-
180011	本地	P1	1	60 W	已交单	第2年	2季	1季	-	第2年1季
180006	本地	P1	3	162 W	违约	第2年	3季	2季	-	-

图4-1 违约订单示意图

则缴纳的违约金分别为：29 万元（146×20%=29.2≈29）；32 万元（162×20%=32.4≈32），合计为61万元（29+32）。

（2）违约订单一律收回。

13. 重要参数

重要参数，如图4-2所示。

违约金比例	20 %	贷款额倍数	3 倍
产品折价率	100 %	原料折价率	80 %
长贷利率	10 %	短贷利率	5 %
1、2期贴现率	10 %	3、4期贴现率	12.5 %
初始现金	600 W	管理费	10 W
信息费	1 W	所得税率	25 %
最大长贷年限	5 年	最小得单广告额	10 W
原料紧急采购倍数	2 倍	产品紧急采购倍数	3 倍
选单时间	50 秒	首位选单补时	20 秒
市场同开数量	2	市场老大	⦿有 ○无
竞拍时间	90 秒	竞拍同拍数	3

图4-2 重要参数示意图

提请注意：

（1）每个市场各产品选单时第一个队选单时间为70秒，自第2个队起，选单时间设为50秒。

（2）初始资金为600万元。

（3）信息费为1万元/次/队，即交1万元可以查看一队企业的信息，交费企业以Excel表格形式获得“被间谍”企业的详细信息。竞单会时无法使用间谍。

14. 竞赛排名

6年经营结束后，将根据各队的总成绩进行排名，分数高者排名在前。

总成绩=所有者权益×（1+企业综合发展潜力/100）–罚分

企业综合发展潜力，如表 4-9 所示。

表 4-9　企业综合发展潜力

项　目	企业综合发展潜力
自动线	+8/条
柔性线	+10/条
本地市场开发	+7
区域市场开发	+7
国内市场开发	+8
亚洲市场开发	+9
国际市场开发	+10
ISO 9000	+8
ISO 14000	+10
P1 产品开发	+7
P2 产品开发	+8
P3 产品开发	+9
P4 产品开发	+10
P5 产品开发	+11
大厂房	+10
中厂房	+8
小厂房	+7

提请注意：

（1）如有若干队分数相同，则参照各队第 6 年经营结束后的最终权益，权益高者排名在前；若权益仍相等，则参照第 6 年经营结束时间，先结束第 6 年经营的队伍排名在前。

（2）生产线建成即加分，无须生产出产品，也无须有在制品。超级手工线、租赁线不加分。

15. 破产处理

当参赛队的所有者权益为负（指当年结束系统生成资产负债表时为负）或现金断流时（权益和现金可以为零），企业破产。

参赛队破产后，由裁判视情况适当增资后继续经营。破产队不参加有效排名。

为了确保破产队不过多影响比赛的正常进行，限制破产队每年用于广告投放的费用总和不能超过 60 万元。不允许参加竞单。

（二）市场预测表

需求量表、均价表、第 4 年竞拍单信息表、第 6 年竞拍单信息表，分别如表 4-10、表 4-11、表 4-12 及表 4-13 所示。

表 4-10　需求量表

单位：个

年　份	市　场	P1	P2	P3	P4	P5
第 2 年	本地	63	48	37	29	22
	区域	68	45	33	28	24
第 3 年	本地	59	48	0	27	23
	区域	63	0	38	25	24
	国内	71	60	50	0	0
第 4 年	本地	54	0	36	31	21
	区域	61	44	0	26	23
	国内	0	62	47	38	0
	亚洲	47	46	39	0	28
第 5 年	本地	55	47	35	0	25
	区域	59	43	32	28	0
	国内	34	0	42	0	27
	亚洲	0	55	0	30	29
	国际	0	39	28	25	0
第 6 年	本地	56	42	34	26	0
	区域	58	0	37	0	26
	国内	0	57	46	34	0
	亚洲	22	54	0	0	30
	国际	71	35	27	26	23

注：以上数据不包含竞拍数据。

表 4-11　均价表

单位：万元

年　份	市　场	P1	P2	P3	P4	P5
第 2 年	本地	50.43	71.33	88.19	126.17	141.68
	区域	50.18	70.78	87.94	126.54	141.46
第 3 年	本地	50.39	70.73	0	124.67	144.52
	区域	51.02	0	84.79	125.6	145
	国内	48.32	69.8	84.1	0	0
第 4 年	本地	47.61	0	80.83	116.94	138.76
	区域	46.61	67.93	0	115.69	140.35
	国内	0	67.77	87.49	117.32	0
	亚洲	51.47	71.37	79.31	0	149.61
第 5 年	本地	45.95	70.74	79.63	0	151.52
	区域	45.39	70.35	78.03	122.82	0

续表

年　份	市　场	P1	P2	P3	P4	P5
第 5 年	国内	48.29	0	84.45	0	148.74
	亚洲	0	73.07	0	124.47	154.38
	国际	0	82.05	90.25	132.8	0
第 6 年	本地	50.91	80.98	82.62	129.19	0
	区域	50.26	0	83.27	0	158.42
	国内	0	68.02	79.98	132.68	0
	亚洲	57.41	72.09	0	0	160.9
	国际	55.77	82.71	91.26	118.04	143.78

表 4-12　第 4 年竞拍单信息表

单　号	年份（年）	市　场	产　品	数量（个）	所需的认证
4J01	4	本地	P1	3	无
4J02	4	本地	P2	3	无
4J03	4	本地	P3	4	ISO 9000/ISO 14000
4J04	4	本地	P4	3	ISO 9000
4J05	4	本地	P5	2	ISO 14000
4J06	4	区域	P1	6	ISO 9000
4J07	4	区域	P2	4	ISO 9000/ISO 14000
4J08	4	区域	P4	4	ISO 9000/ISO 14000
4J09	4	区域	P5	3	ISO 9000
4J10	4	国内	P2	5	ISO 9000/ISO 14000
4J11	4	国内	P3	6	无
4J12	4	国内	P4	3	ISO 9000/ISO 14000
4J13	4	国内	P5	4	ISO 9000
4J14	4	亚洲	P1	5	无
4J15	4	亚洲	P2	3	ISO 9000

表 4-13　第 6 年竞拍单信息表

单　号	年份（年）	市　场	产　品	数量（个）	所需的认证
6J01	6	本地	P2	3	无
6J02	6	本地	P3	5	无
6J03	6	本地	P5	4	ISO 9000/ISO 14000
6J04	6	区域	P1	9	ISO 9000
6J05	6	区域	P2	4	ISO 14000
6J06	6	区域	P3	3	ISO 9000

续表

单　　号	年份（年）	市　　场	产　　品	数量（个）	所需的认证
6J07	6	区域	P4	5	ISO 9000/ISO 14000
6J08	6	区域	P5	2	ISO 9000/ISO 14000
6J09	6	国内	P1	4	ISO 9000
6J10	6	国内	P2	5	ISO 9000/ISO 14000
6J11	6	国内	P4	3	无
6J12	6	亚洲	P2	2	ISO 9000/ISO 14000
6J13	6	亚洲	P2	6	ISO 9000
6J14	6	亚洲	P3	4	无
6J15	6	亚洲	P3	3	ISO 9000
6J16	6	国际	P1	3	ISO 9000/ISO 14000
6J17	6	国际	P4	7	ISO 9000
6J18	6	国际	P5	7	无

（三）数据分享

1. 第 1 年 3 张表

第 1 年的综合费用表、利润表、资产负债表，分别如表 4-14、表 4-15、表 4-16 所示。

表 4-14　综合费用表　　单位：万元

	第一赛区				第二赛区				第三赛区				第四赛区			
用户名	U03	U04	U06	U23	U15	U17	U18	U21	U07	U11	U13	U21	U01	U08	U12	U23
管理费	40	40	40	40	40	40	40	40	40	40	40	40	40	40	40	40
广告费	0	0	0	0	0	0	0	0	0	0	0	0	0	0	0	0
维护费	0	0	80	20	45	80	0	0	20	0	0	80	0	0	0	20
损失	0	0	0	0	0	0	0	0	0	0	0	0	0	0	0	0
转产费	0	0	0	0	0	0	0	0	0	0	0	0	0	0	0	0
租金	42	0	168	42	126	168	42	42	42	42	30	168	42	0	0	0
市场开拓费	50	50	50	50	50	50	30	50	50	50	30	50	30	50	50	50
产品研发费	40	78	178	70	178	178	60	78	70	78	60	178	60	90	70	20
ISO 认证费	25	25	25	25	25	25	25	25	25	25	25	25	25	25	25	25
信息费	0	0	0	0	0	0	0	0	0	0	0	0	0	0	0	0
合计	197	193	541	247	464	541	197	235	247	235	185	541	197	205	185	155

表4-15　利润表

单位：万元

	第一赛区				第二赛区				第三赛区				第四赛区			
用户名	U03	U04	U06	U23	U15	U17	U18	U21	U07	U11	U13	U21	U01	U08	U12	U23
销售收入	0	0	0	0	0	0	0	0	0	0	0	0	0	0	0	0
直接成本	0	0	0	0	0	0	0	0	0	0	0	0	0	0	0	0
毛利	0	0	0	0	0	0	0	0	0	0	0	0	0	0	0	0
综合费用	197	193	541	247	464	541	197	235	247	235	185	541	197	205	185	155
折旧前利润	–197	–193	–541	–247	–464	–541	–197	–235	–247	–235	–185	–541	–197	–205	–185	–155
折旧	0	0	0	0	0	0	0	0	0	0	0	0	0	0	0	0
支付利息前利润	–197	–193	–541	–247	–464	–541	–197	–235	–247	–235	–185	–541	–197	–205	–185	–155
财务费用	0	0	0	0	0	0	0	0	0	0	0	0	0	0	0	0
税前利润	–197	–193	–541	–247	–464	–541	–197	–235	–247	–235	–185	–541	–197	–205	–185	–155
所得税	0	0	0	0	0	0	0	0	0	0	0	0	0	0	0	0
年度净利润	–197	–193	–541	–247	–464	–541	–197	–235	–247	–235	–185	–541	–197	–205	–185	–155

表4-16　资产负债表

单位：万元

	第一赛区				第二赛区				第三赛区				第四赛区			
用户名	U03	U04	U06	U23	U15	U17	U18	U21	U07	U11	U13	U21	U01	U08	U12	U23
现金	152	3	919	133	801	899	70	101	182	141	91	899	79	395	531	103
应收款	0	0	0	0	0	0	0	0	0	0	0	0	0	0	0	0
在制品	0	0	380	80	220	400	0	0	120	0	0	400	0	0	0	80
产成品	0	0	0	0	0	0	0	0	0	0	0	0	0	0	0	0
原料	60	0	0	0	0	0	0	0	0	0	0	0	0	0	0	0
流动资产合计	212	3	1 299	213	1 021	1 299	70	101	302	141	91	1 299	79	395	531	183
厂房	0	420	0	0	0	0	0	0	0	0	0	0	0	0	0	420
机器设备	0	0	560	140	315	560	0	0	140	0	0	560	0	0	0	140
在建工程	600	800	0	0	600	0	800	600	0	600	600	0	800	0	0	0
固定资产合计	600	1 220	560	140	915	560	800	600	140	600	600	560	800	0	0	560
资产总计	812	1 223	1 859	353	1 936	1 859	870	701	442	741	691	1 859	879	395	531	743
长期贷款	0	0	1 800	0	1 800	1 800	0	0	0	0	0	1 800	0	0	0	0
短期贷款	409	816	0	0	0	0	467	336	89	376	276	0	476	0	116	298
特别贷款	0	0	0	0	0	0	0	0	0	0	0	0	0	0	0	0

续表

	第一赛区				第二赛区				第三赛区				第四赛区			
所得税	0	0	0	0	0	0	0	0	0	0	0	0	0	0	0	0
负债合计	409	816	1 800	0	1 800	1 800	467	336	89	376	276	1 800	476	0	116	298
股东资本	600	600	600	600	600	600	600	600	600	600	600	600	600	600	600	600
利润留存	0	0	0	0	0	0	0	0	0	0	0	0	0	0	0	0
年度净利润	−197	−193	−541	−247	−464	−541	−197	−235	−247	−235	−185	−541	−197	−205	−185	−155
所有者权益合计	403	407	59	353	136	59	403	365	353	365	415	59	403	395	415	445
负债和所有者权益总计	812	1 223	1 859	353	1 936	1 859	870	701	442	741	691	1 859	879	395	531	743

2. 第 2 年 3 张表

第 2 年的综合费用表、利润表、资产负债表，分别如表 4-17、表 4-18、表 4-19 所示。

表 4-17 综合费用表 单位：万元

	第一赛区				第二赛区				第三赛区				第四赛区			
用户名	U03	U04	U06	U23	U15	U17	U18	U21	U07	U11	U13	U21	U01	U08	U12	U23
管理费	40	40	40	40	40	40	40	40	40	40	40	40	40	40	40	40
广告费	150	158	222	94	146	266	66	50	176	50	67	260	64	93	138	100
维护费	100	360	80	60	105	80	100	75	125	75	100	80	100	125	255	80
损失	0	0	10	0	0	0	0	0	0	0	0	0	0	0	0	0
转产费	0	0	0	0	0	0	0	0	0	0	0	0	0	0	0	0
租金	84	84	168	126	126	168	84	60	126	60	114	168	84	126	126	168
市场开拓费	30	30	30	30	30	30	30	30	30	30	30	30	30	30	30	30
产品研发费	0	12	22	20	22	22	10	12	20	12	10	22	40	0	20	0
ISO 认证费	25	25	25	25	25	25	25	25	25	25	25	25	25	25	25	25
信息费	0	0	0	0	0	0	0	0	0	0	0	0	0	0	0	0
合计	429	709	597	395	494	631	355	292	542	292	386	625	383	439	634	443

表 4-18 利润表 单位：万元

	第一赛区				第二赛区				第三赛区				第四赛区			
用户名	U03	U04	U06	U23	U15	U17	U18	U21	U07	U11	U13	U21	U01	U08	U12	U23
销售收入	1 210	1 644	1 905	766	1 864	2 111	1 009	838	1 433	841	1 004	1 965	1 001	796	1 259	795
直接成本	560	690	800	320	790	880	400	360	630	360	400	820	400	320	550	320
毛利	650	954	1 105	446	1 074	1 231	609	478	803	481	604	1 145	601	476	709	475

续表

	第一赛区				第二赛区				第三赛区				第四赛区			
综合费用	429	709	597	395	494	631	355	292	542	292	386	625	383	439	634	443
折旧前利润	221	245	508	51	580	600	254	186	261	189	218	520	218	37	75	32
折旧	0	0	160	40	90	160	0	0	40	0	0	160	0	0	0	40
支付利息前利润	221	245	348	11	490	440	254	186	221	189	218	360	218	37	75	–8
财务费用	44	167	214	0	256	227	24	15	39	17	22	242	22	0	15	40
税前利润	177	78	134	11	234	213	230	171	182	172	196	118	196	37	60	–48
所得税	0	0	0	0	0	0	8	0	0	0	3	0	0	0	0	0
年度净利润	177	78	134	11	234	213	222	171	182	172	193	118	196	37	60	–48

表 4-19　资产负债表　　单位：万元

	第一赛区				第二赛区				第三赛区				第四赛区			
用户名	U03	U04	U06	U23	U15	U17	U18	U21	U07	U11	U13	U21	U01	U08	U12	U23
现金	6	0	6	523	2	124	1	184	278	177	376	41	199	238	5	180
应收款	723	636	1 107	0	1 043	1 088	741	562	571	565	380	1 036	500	504	935	632
在制品	320	270	410	360	300	460	160	180	400	180	220	450	160	440	420	320
产成品	0	0	60	160	0	0	0	0	0	0	0	50	0	30	40	80
原料	0	0	10	0	0	0	0	0	0	0	0	0	0	20	0	0
流动资产合计	1 049	906	1 593	1 043	1 345	1 672	902	926	1 249	922	976	1 577	859	1 232	1 400	1 212
厂房	0	0	0	0	0	0	0	0	0	0	0	0	0	0	0	0
机器设备	740	800	400	380	825	400	940	705	345	705	880	400	940	385	315	520
在建工程	0	0	0	0	0	0	0	0	0	0	0	0	0	0	0	0
固定资产合计	740	800	400	380	825	400	940	705	345	705	880	400	940	385	315	520
资产总计	1 789	1 706	1 993	1 423	2 170	2 072	1 842	1 631	1 594	1 627	1 856	1 977	1 799	1 617	1 715	1 732
长期贷款	484	174	1 800	464	1 800	1 800	394	0	264	154	129	1 800	164	384	164	464
短期贷款	725	1 047	0	595	0	0	815	1 095	795	936	1 116	0	1 036	801	1 076	871
特别贷款	0	0	0	0	0	0	0	0	0	0	0	0	0	0	0	0
所得税	0	0	0	0	0	0	8	0	0	0	3	0	0	0	0	0
负债合计	1 209	1 221	1 800	1 059	1 800	1 800	1 217	1 095	1 059	1 090	1 248	1 800	1 200	1 185	1 240	1 335
股东资本	600	600	600	600	600	600	600	600	600	600	600	600	600	600	600	600
利润留存	–197	–193	–541	–247	–464	–541	–197	–235	–247	–235	–185	–541	–197	–205	–185	–155
年度净利润	177	78	134	11	234	213	222	171	182	172	193	118	196	37	60	–48

续表

	第一赛区				第二赛区				第三赛区				第四赛区			
所有者权益合计	580	485	193	364	370	272	625	536	535	537	608	177	599	432	475	397
负债和所有者权益总计	1 789	1 706	1 993	1 423	2 170	2 072	1 842	1 631	1 594	1 627	1 856	1 977	1 799	1 617	1 715	1 732

3. 第 3 年 3 张表

第 3 年的综合费用表、利润表、资产负债表，分别如表 4-20、表 4-21，表 4-22 所示。

表 4-20　综合费用表　　单位：万元

	第一赛区				第二赛区				第三赛区				第四赛区			
用户名	U03	U04	U06	U23	U15	U17	U18	U21	U07	U11	U13	U21	U01	U08	U12	U23
管理费	40	40	40	40	40	40	40	40	40	40	40	40	40	40	40	40
广告费	158	181	102	134	120	86	100	100	177	144	160	120	119	208	234	150
维护费	100	360	80	60	245	80	100	215	125	225	170	80	100	125	255	80
损失	0	0	0	0	0	0	0	0	0	10	100	0	0	0	0	0
转产费	0	0	0	0	0	0	0	0	0	0	0	0	0	0	0	0
租金	84	84	168	126	168	168	126	102	168	102	156	168	126	126	168	168
市场开拓费	20	20	20	20	20	20	30	20	20	20	30	20	30	20	20	20
产品研发费	0	0	0	12	0	0	40	0	40	0	30	0	42	10	12	40
ISO 认证费	0	0	0	0	0	0	0	0	0	0	0	0	0	0	0	0
信息费	0	0	0	0	0	0	0	0	0	0	0	0	0	0	0	0
合计	402	685	410	392	593	394	436	477	570	541	686	428	457	529	729	498

表 4-21　利润表　　单位：万元

	第一赛区				第二赛区				第三赛区				第四赛区			
用户名	U03	U04	U06	U23	U15	U17	U18	U21	U07	U11	U13	U21	U01	U08	U12	U23
销售收入	1 517	1 703	2 030	1 657	2 223	2 181	1 374	1 449	1 625	1 510	1 667	1 905	1 488	1 682	1 911	1 852
直接成本	720	720	850	700	920	940	550	600	710	630	660	780	600	750	850	720
毛利	797	983	1 180	957	1 303	1 241	824	849	915	880	1 007	1 125	888	932	1 061	1 132
综合费用	402	685	410	392	593	394	436	477	570	541	686	428	457	529	729	498
折旧前利润	395	298	770	565	710	847	388	372	345	339	321	697	431	403	332	634
折旧	160	160	160	120	210	160	200	150	110	150	200	160	200	110	90	160
支付利息前利润	235	138	610	445	500	687	188	222	235	189	121	537	231	293	242	474
财务费用	107	205	266	92	364	222	109	53	91	60	77	234	96	129	135	151
税前利润	128	−67	344	353	136	465	79	169	144	129	44	303	135	164	107	323

续表

	第一赛区				第二赛区				第三赛区				第四赛区			
所得税	27	0	0	29	0	34	20	26	20	17	11	0	34	0	0	30
年度净利润	101	–67	344	324	136	431	59	143	124	112	33	303	101	164	107	293

表 4-22　资产负债表　　单位：万元

	第一赛区				第二赛区				第三赛区				第四赛区			
用户名	U03	U04	U06	U23	U15	U17	U18	U21	U07	U11	U13	U21	U01	U08	U12	U23
现金	628	243	257	675	8	184	155	123	416	331	616	250	3	425	316	471
应收款	582	480	1 270	354	1 063	1 713	869	867	778	870	496	1 150	741	626	581	760
在制品	320	360	490	460	470	400	160	360	380	420	360	540	240	420	450	320
产成品	240	150	80	60	0	0	50	0	120	30	20	100	0	140	130	0
原料	0	0	0	0	0	0	0	0	0	0	0	0	0	0	0	0
流动资产合计	1 770	1 233	2 097	1 549	1 541	2 297	1 234	1 350	1 694	1 651	1 492	2 040	984	1 611	1 477	1 551
厂房	0	0	0	0	0	0	0	0	0	0	0	0	0	0	0	0
机器设备	580	640	240	260	615	240	740	555	235	625	680	240	740	275	225	360
在建工程	0	0	0	0	150	0	600	400	350	0	300	0	800	0	300	0
固定资产合计	580	640	240	260	765	240	1 340	955	585	625	980	240	1 540	275	525	360
资产总计	2 350	1 873	2 337	1 809	2 306	2 537	2 574	2 305	2 279	2 276	2 472	2 280	2 524	1 886	2 002	1 911
长期贷款	484	404	1 800	464	1 800	1 800	894	324	804	614	704	1 800	594	494	344	464
短期贷款	1 158	1 051	0	628	0	0	976	1 276	796	996	1 116	0	1 196	796	1 076	727
特别贷款	0	0	0	0	0	0	0	0	0	0	0	0	0	0	0	0
所得税	27	0	0	29	0	34	20	26	20	17	11	0	34	0	0	30
负债合计	1 669	1 455	1 800	1 121	1 800	1 834	1 890	1 626	1 620	1 627	1 831	1 800	1 824	1 290	1 420	1 221
股东资本	600	600	600	600	600	600	600	600	600	600	600	600	600	600	600	600
利润留存	–20	–115	–407	–236	–230	–328	25	–64	–65	–63	8	–423	–1	–168	–125	–203
年度净利润	101	–67	344	324	136	431	59	143	124	112	33	303	101	164	107	293
所有者权益合计	681	418	537	688	506	703	684	679	659	649	641	480	700	596	582	690
负债和所有者权益总计	2 350	1 873	2 337	1 809	2 306	2 537	2 574	2 305	2 279	2 276	2 472	2 280	2 524	1 886	2 002	1 911

4. 第 4 年 3 张表

第 4 年的综合费用表、利润表、资产负债表，分别如表 4-23、表 4-24、表 2-25 所示。

表 4-23 综合费用表

单位：万元

	第一赛区				第二赛区				第三赛区				第四赛区			
用户名	U03	U04	U06	U23	U15	U17	U18	U21	U07	U11	U13	U21	U01	U08	U12	U23
管理费	40	40	40	40	40	40	40	40	40	40	40	40	40	40	40	40
广告费	210	175	177	197	150	90	180	215	183	139	174	97	157	218	327	70
维护费	100	360	260	60	260	75	180	320	305	225	280	80	180	125	285	80
损失	0	0	60	60	70	250	154	133	0	114	120	200	179	0	40	0
转产费	0	0	0	0	0	0	0	0	0	0	0	0	0	0	0	0
租金	126	84	168	168	168	126	126	144	168	144	156	168	126	168	168	42
市场开拓费	10	10	10	10	10	10	20	10	10	10	20	10	20	10	10	10
产品研发费	20	0	0	48	0	0	30	40	58	0	52	0	58	40	48	40
ISO 认证费	0	0	0	0	0	0	0	0	0	0	0	0	0	0	0	0
信息费	0	0	0	0	0	0	0	0	0	0	0	0	0	0	0	0
合计	506	669	715	583	698	591	730	902	764	672	842	595	760	601	918	282

表 4-24 利润表

单位：万元

	第一赛区				第二赛区				第三赛区				第四赛区			
用户名	U03	U04	U06	U23	U15	U17	U18	U21	U07	U11	U13	U21	U01	U08	U12	U23
销售收入	2 407	2 413	2 738	2 055	2 761	2 172	2 646	2 499	2 810	2 294	2 705	2 642	2 489	2 259	2 576	1 143
直接成本	1 200	990	1 260	960	1 220	930	1 130	990	1 290	900	1 120	1 120	1 000	1 010	1 160	460
毛利	1 207	1 423	1 478	1 095	1 541	1 242	1 516	1 509	1 520	1 394	1 585	1 522	1 489	1 249	1 416	683
综合费用	506	669	715	583	698	591	730	902	764	672	842	595	760	601	918	282
折旧前利润	701	754	763	512	843	651	786	607	756	722	743	927	729	648	498	401
折旧	160	160	100	120	200	150	200	140	110	170	200	160	200	110	70	160
支付利息前利润	541	594	663	392	643	501	586	467	646	552	543	767	529	538	428	241
财务费用	105	166	285	77	476	221	177	178	118	122	258	210	242	152	236	89
税前利润	436	428	378	315	167	280	409	289	528	430	285	557	287	386	192	152
所得税	109	62	79	79	18	70	102	72	132	108	71	109	72	96	44	38
年度净利润	327	366	299	236	149	210	307	217	396	322	214	448	215	290	148	114

表 4-25　资产负债表　　单位：万元

	第一赛区				第二赛区				第三赛区				第四赛区			
用户名	U03	U04	U06	U23	U15	U17	U18	U21	U07	U11	U13	U21	U01	U08	U12	U23
现金	359	779	171	661	2	946	707	68	118	603	7	989	6	463	238	530
应收款	1 461	301	1 428	1 042	999	989	896	997	2 071	711	1 649	1 188	1 391	972	571	262
在制品	320	360	420	400	440	420	400	450	500	420	410	580	350	350	420	660
产成品	0	120	0	0	0	0	0	0	0	30	0	0	0	0	80	0
原料	0	0	0	20	0	0	0	0	0	0	0	0	0	20	0	0
流动资产合计	2 140	1 560	2 019	2 123	1 441	2 355	2 003	1 515	2 689	1 764	2 066	2 757	1 747	1 805	1 309	1 452
厂房	0	0	0	0	0	420	0	0	0	0	0	0	0	0	0	1260
机器设备	420	480	50	140	550	75	1 140	790	475	455	780	80	1 340	165	405	200
在建工程	600	0	450	800	200	200	0	700	0	800	0	0	0	800	800	0
固定资产合计	1 020	480	500	940	750	695	1 140	1 490	475	1 255	780	80	1 340	965	1 205	1 460
资产总计	3 160	2 040	2 519	3 063	2 191	3 050	3 143	3 005	3 164	3 019	2 846	2 837	3 087	2 770	2 514	2 912
长期贷款	780	404	1 604	464	1 500	1 600	1 074	761	1 154	944	804	1 800	864	794	664	1 334
短期贷款	1 263	790	0	1 596	18	467	976	1 276	823	996	1 116	0	1 236	994	1 076	736
特别贷款	0	0	0	0	0	0	0	0	0	0	0	0	0	0	0	0
所得税	109	62	79	79	18	70	102	72	132	108	71	109	72	96	44	38
负债合计	2 152	1 256	1 683	2 139	1 536	2 137	2 152	2 109	2 109	2 048	1 991	1 909	2 172	1 884	1 784	2 108
股东资本	600	600	600	600	600	600	600	600	600	600	600	600	600	600	600	600
利润留存	81	−182	−63	88	−94	103	84	79	59	49	41	−120	100	−4	−18	90
年度净利润	327	366	299	236	149	210	307	217	396	322	214	448	215	290	148	114
所有者权益合计	1 008	784	836	924	655	913	991	896	1 055	971	855	928	915	886	730	804
负债和所有者权益总计	3 160	2 040	2 519	3 063	2 191	3 050	3 143	3 005	3 164	3 019	2 846	2 837	3 087	2 770	2 514	2 912

5. 第 5 年 3 张表

第 5 年的综合费用表、利润表、资产负债表，分别如表 4-26、表 4-27、表 4-28 所示。

表 4-26　综合费用表　　单位：万元

	第一赛区				第二赛区				第三赛区				第四赛区			
用户名	U03	U04	U06	U23	U15	U17	U18	U21	U07	U11	U13	U21	U01	U08	U12	U23
管理费	40	40	40	40	40	40	40	40	40	40	40	40	40	40	40	40
广告费	244	198	214	158	133	78	286	262	160	280	108	129	277	418	362	100
维护费	180	360	290	100	265	20	170	250	250	155	255	280	370	505	355	80
损失	0	0	60	40	60	0	30	280	70	200	50	0	110	100	40	100

续表

	第一赛区				第二赛区				第三赛区				第四赛区			
转产费	0	0	0	0	0	0	0	0	0	0	0	0	0	0	0	0
租金	168	168	168	168	168	126	168	168	126	168	126	168	168	168	168	0
市场开拓费	0	0	0	0	0	0	0	0	0	0	0	0	0	0	0	0
产品研发费	22	50	0	40	0	0	48	70	12	10	48	0	0	12	30	12
ISO 认证费	0	0	0	0	0	0	0	0	0	0	0	0	0	0	0	0
信息费	0	0	0	0	0	0	0	0	0	0	0	0	0	0	0	0
合计	654	816	772	546	666	264	742	1 070	658	853	627	617	965	1 243	995	332

表 4-27 利润表

单位：万元

	第一赛区				第二赛区				第三赛区				第四赛区			
用户名	U03	U04	U06	U23	U15	U17	U18	U21	U07	U11	U13	U21	U01	U08	U12	U23
销售收入	2 573	2 855	2 719	2 184	2 703	1 600	2 342	3 639	2 178	3 045	2 587	2 579	3 280	3 168	3 133	2 099
直接成本	1 260	1 140	1 200	920	1 160	700	1 000	1 440	950	1 230	1 110	1 100	1 340	1 390	1 380	850
毛利	1 313	1 715	1 519	1 264	1 543	900	1 342	2 199	1 228	1 815	1 477	1 479	1 940	1 778	1 753	1 249
综合费用	654	816	772	546	666	264	742	1 070	658	853	627	617	965	1 243	995	332
折旧前利润	659	899	747	718	877	636	600	1 129	570	962	850	862	975	535	758	917
折旧	160	160	0	40	150	0	300	200	70	140	210	0	320	10	110	120
支付利息前利润	499	739	747	678	727	636	300	929	500	822	640	862	655	525	648	797
财务费用	181	78	258	182	326	182	154	248	197	142	168	204	343	241	245	186
税前利润	318	661	489	496	401	454	146	681	303	680	472	658	312	284	403	611
所得税	80	165	122	124	100	114	37	170	76	170	118	165	78	71	101	153
年度净利润	238	496	367	372	301	340	109	511	227	510	354	493	234	213	302	458

表 4-28 资产负债表

单位：万元

	第一赛区				第二赛区				第三赛区				第四赛区			
用户名	U03	U04	U06	U23	U15	U17	U18	U21	U07	U11	U13	U21	U01	U08	U12	U23
现金	778	448	566	501	19	544	475	1 574	648	1 170	261	1 757	304	485	7	1 220
应收款	1 330	1 329	1 477	991	1 377	1 092	1 282	311	990	1 166	1 551	1 225	1 533	1 198	1 351	145
在制品	400	240	320	270	440	60	380	420	170	420	280	180	300	340	600	680
产成品	100	60	0	0	50	30	110	0	90	0	0	0	20	0	0	0
原料	0	0	0	10	0	10	0	0	20	0	0	0	0	0	0	20
流动资产合计	2 608	2 077	2 363	1 772	1 886	1 736	2 247	2 305	1 918	2 756	2 092	3 162	2 157	2 023	1 958	2 065
厂房	0	0	0	0	0	420	0	0	420	0	300	0	0	0	0	1 680
机器设备	860	320	470	820	535	200	810	1 260	280	1 105	495	0	960	805	1 065	80

续表

	第一赛区				第二赛区				第三赛区				第四赛区			
在建工程	600	1 400	1 000	1 600	600	1 750	1 050	700	1 900	700	1 000	1 200	850	1 000	300	0
固定资产合计	1 460	1 720	1 470	2 420	1 135	2 370	1 860	1 960	2 600	1 805	1 795	1 200	1 810	1 805	1 365	1 760
资产总计	4 068	3 797	3 833	4 192	3 021	4 106	4 107	4 265	4 518	4 561	3 887	4 362	3 967	3 828	3 323	3 825
长期贷款	1 142	230	1 004	774	920	1 212	1 794	1 234	1 704	1 634	1 384	1 200	1 224	1 344	1 114	1 374
短期贷款	1 600	2 122	1 504	1 998	1 045	1 527	1 176	1 454	1 456	1 276	1 176	1 576	1 516	1 314	1 076	1 036
特别贷款	0	0	0	0	0	0	0	0	0	0	0	0	0	0	0	0
所得税	80	165	122	124	100	114	37	170	76	170	118	165	78	71	101	153
负债合计	2 822	2 517	2 630	2 896	2 065	2 853	3 007	2 858	3 236	3 080	2 678	2 941	2 818	2 729	2 291	2 563
股东资本	600	600	600	600	600	600	600	600	600	600	600	600	600	600	600	600
利润留存	408	184	236	324	55	313	391	296	455	371	255	328	315	286	130	204
年度净利润	238	496	367	372	301	340	109	511	227	510	354	493	234	213	302	458
所有者权益合计	1 246	1 280	1 203	1 296	956	1 253	1 100	1 407	1 282	1 481	1 209	1 421	1 149	1 099	1 032	1 262
负债和所有者权益总计	4 068	3 797	3 833	4 192	3 021	4 106	4 107	4 265	4 518	4 561	3 887	4 362	3 967	3 828	3 323	3 825

二、2016 年经典赛事数据分享

（一）竞赛规则

1. 融资规则

融资规则，如表 4-29 所示。

表 4-29　融资规则

<table>
<tr><th>贷款类型</th><th>贷款时间</th><th>贷款额度</th><th>年　息</th><th>还款方式</th></tr>
<tr><td>长期贷款</td><td>每年年初</td><td rowspan="2">所有长期贷款和短期贷款之和不能超过上年权益的 3 倍</td><td>10%</td><td>年初付息，到期还本</td></tr>
<tr><td>短期贷款</td><td>每季度初</td><td>5%</td><td>到期一次还本付息</td></tr>
<tr><td>资金贴现</td><td>任何时间</td><td>视应收款额</td><td>10%（第 1 季度、第 2 季度），
12.5%（第 3 季度、第 4 季度）</td><td>分季度计算贴息</td></tr>
<tr><td>库存拍卖</td><td colspan="4">原料 8 折，成品按成本价</td></tr>
</table>

规则说明：

（1）长期贷款和短期贷款的信用额度。

长期贷款和短期贷款的总额度（包括已借但未到还款期的贷款）为上年权益总计的 3 倍，长期贷款、短期贷款必须为大于或等于 10 万元的整数倍申请。例如，第 1 年所有者权益为 358 万元，第一年已借 5 年期长期贷款为 506 万元（且未申请短期贷款），则第二年可贷款总额度为 568 万元（358×3– 506）。

（2）贷款规则。

① 长期贷款每年必须支付利息，到期归还本金。长期贷款最多可贷 5 年。

② 结束年时，不要求归还没有到期的各类贷款。

③ 短期贷款年限为 1 年，如果某一季度有短期贷款需要归还，且同时还拥有贷款额度时，必须先归还到期的短期贷款，才能申请新的短期贷款。

④ 所有贷款不允许提前还款。

⑤ 企业间不允许私自融资，只允许企业向银行贷款，银行不提供高利贷。

⑥ 贷款利息计算时四舍五入。例如，短期贷款为 210 万元，则利息为 10.5 万元（210×5%），四舍五入后，实际支付利息为 11 万元。

⑦ 长期贷款的利息根据长期贷款的贷款总额乘以利率计算。例如，第 1 年申请 504 万元长期贷款，第 2 年申请 204 万元长期贷款，则第 3 年所需要支付的长期贷款利息为 70.8 万元 [（504+204）× 10%]，四舍五入后，实际支付利息为 71 万元。

（3）贴现规则。

应收款分季度计算贴息，贴现额如图 4-3 所示，应收款第 1 季度贴现 26 万元，第 2 季度贴现 424 万元，第 1 季度应收款贴息为 3 万元（26×10%=2.6≈3），第 2 季度应收款贴息为 43 万元（424×10%=42.4 ≈43），贴息总额为 46 万元（3+43）。

剩余账期	应收款	贴现额
1季	1115 W	26 W
2季	424 W	424 W

图 4-3 贴现额示意图

（4）出售库存规则。

① 原料打 8 折出售。例如，出售 1 个原料获得 8 万元（10×0.8）。

② 出售产成品按产品的成本价计算。例如，出售 1 个 P2 获得 30 万元（1×30）。

2. 厂房规则

厂房规则，如表 4-30 所示。

表 4-30 厂房规则

厂　房	买价（万元）	租金（万元/年）	售价（万元）	容量（条）
大厂房 A 类	400	40	400	4
大厂房 B 类	300	32	300	4

续表

厂　房	买价（万元）	租金（万元/年）	售价（万元）	容量（条）
中厂房	300	30	300	3
小厂房	180	18	180	2

规则说明：

① 租用或购买厂房可以在任何季度进行。如果决定租用厂房或厂房买转租，租金在开始租用的季度交付，即从现金处取等量钱币，放在租金费用处。一年租期到期时，如果决定续租，需要重复以上操作。

② 厂房租入 1 年后可做租转买、退租等处理（例如，第 1 年第 1 季度租厂房，则以后每年的第 1 季度末“厂房处理”均可“租转买”），如果到期没有选择“租转买”，系统自动做续租处理，租金在“当季结束”时和“行政管理费”一并扣除。

③ 要新建或租赁生产线，必须购买或租用厂房，没有租用或购买厂房不能新建或租赁生产线。

④ 如果厂房中没有生产线，可以选择厂房退租。

⑤ 厂房出售得到 4 个账期的应收款，在紧急情况下，可进行厂房贴现（第 4 季度贴现），直接得到现金，如厂房中有生产线，同时要扣租金。

⑥ 厂房使用可以任意组合，但总数不能超过 4 个，如租 4 个小厂房或买 4 个大厂房或租 1 个大厂房买 3 个中厂房。

⑦ 大厂房 B 类，经评估具有贬值风险，故无企业综合发展加分。

3. 生产线基本规则

生产线基本规则，如表 4-31 所示。

表 4-31　生产线基本规则

生产线	购置费（万元）	安装周期（季）	生产周期（季）	总转产费（万元）	转产周期（季）	维护费（万元/年）	残值（万元）
超级手工线	35	0	2	0	0	5	5
租赁线	0	0	1	20	1	70	–85
自动线	150	3	1	20	1	20	30
柔性线	200	4	1	0	0	20	40

（1）在“系统”中新建生产线，需要先选择厂房，然后选择生产线的类型，特别要确定生产产品的类型；生产产品一经确定，本生产线所生产的产品便不能更换，如需更换，应在建成后，进行转产处理。

（2）每次操作可建一条生产线，同一季度可重复操作多次，直至生产线位置全部铺满。自动线和柔性线待最后一期投资到位后，必须到下一季度才算安装完成，允许投入使用。超级手工线和租赁线当季购入（或租入），当季即可使用。

（3）新建生产线一经确认，即刻进入第一期在建，当季便自动扣除现金。

（4）不论何时出售生产线，从生产线净值中取出相当于残值的部分计入现金，净值与残值之差计入损失。

（5）只有空的并且已经建成的生产线方可转产。

（6）当年建成的生产线、转产中生产线都要缴纳维护费；凡已出售的生产线（包括退租的租赁线）和新购正在安装的生产线不缴纳维护费。

（7）生产线不允许在不同厂房移动。

（8）租赁线不需要购置费，不用安装，不提折旧，维护费可以理解为租金；其在出售时，可理解为退租，每条生产线系统将扣 85 万元的清理费用，计入损失；该类生产线不计小分。

生产线折旧（平均年限法）规则，如表 4-32 所示。

表 4-32 生产线折旧规则

单位：万元

生产线	购置费	残　值	建成第 1 年	建成第 2 年	建成第 3 年	建成第 4 年	建成第 5 年
超级手工线	35	5	0	10	10	10	0
自动线	150	30	0	30	30	30	30
柔性线	200	40	0	40	40	40	40

当年建成生产线当年不提折旧，当净值等于残值时，生产线不再计提折旧，但可以继续使用。

4. 产品研发投资规则

要想生产某种产品，先要获得该产品的生产许可证。而要获得生产许可证，则必须经过产品研发。P1、P2、P3、P4、P5 都需要研发后才能获得生产许可证。研发需要分期投入研发费用。

产品研发投资规则，如表 4-33 所示。

表 4-33 产品研发投资规则

名　称	开发费用（万元/季）	开发周期（季）	开发总额（万元）	加工费（万元/个）	直接成本（万元/个）	产品组成
P1	10	2	20	10	20	R1
P2	10	3	30	10	30	R2+R3
P3	10	4	40	10	40	R1+R3+R4
P4	10	5	50	10	50	P1+ R2+R4
P5	12	5	60	10	60	P2+R1+R3

产品研发可以中断或中止，但不允许超前或集中投入。已投资的研发费用不能回收。如果开发没有完成，“系统”不允许开工生产。

5. ISO 资格认证规则

ISO 资格认证规则，如表 4-34 所示。

表 4-34 ISO 资格认证规则

ISO 类型	每年的研发费用（万元）	年限（年）	全部研发费用（万元）
ISO 9000	10	2	20
ISO 14000	15	3	45

无须缴纳维护费，可中途停止使用，也可继续拥有资格并在以后年份使用。ISO 认证，只有在第四季度末才可以操作。

6. 市场开拓规则

市场开拓规则，如表 4-35 所示。

表 4-35 市场开拓规则

市 场	每年的开拓费（万元）	开拓年限（年）	全部开拓费用（万元）
本地	10	1	10
区域	10	1	10
国内	10	2	20
亚洲	10	3	30
国际	10	4	40

无须缴纳维护费，可中途停止使用，也可继续拥有资格并在以后年份使用。市场开拓，只有在第 4 季度才可以操作。当投资中断时，已投入的资金依然有效。

7. 原料规则

原料规则，如表 4-36 所示。

表 4-36 原料规则

名 称	购买价格（万元/个）	提前期（季）
R1	10	1
R2	10	1
R3	10	2
R4	10	2

① 没有下订单的原料不能采购入库。

② 所有预订的原料到期必须全额现金购买。

③ 当紧急采购时，原料是直接成本的 2 倍，即 20 万元/个。在利润表中，直接成本仍然按照标准成本记录，紧急采购多付出的成本计入综合费用表中的“损失”。

8. 选单规则

在一个回合中，每投放10万元广告费理论上将获得一次选单机会，此后每增加20万元理论上多一次选单机会。例如，本地P1投放30万元表示最多有2次选单机会，但是能否选到2次取决于市场需求及竞争态势。如果投放小于10万元广告费则无选单机会，但仍扣广告费，对计算市场广告额有效。广告投放可以是非10倍数，如11万元、12万元，且投12万元比投11万元或10万元优先选单。

投放广告，只有裁判宣布的最晚时间，没有最早时间，即你在系统里当年经营结束后即可马上投下一年的广告。

在选单时，以当年本市场本产品广告额投放大小顺序依次选单；如果两队本市场本产品广告额相同，则看本市场广告投放总额；如果本市场广告总额也相同，则看上年本市场销售排名；如仍无法决定，先投广告者先选单。第一年无订单。

在选单时，两个市场同时开单，各队需要同时关注两个市场的选单进展，其中一个市场先结束，则第三个市场立即开单，即任何时候会有两个市场同开，除非到最后只剩下一个市场选单未结束。如某年有本地、区域、国内、亚洲四个市场有选单，则系统将本地、区域同时放单，各市场按P1、P2、P3、P4、P5顺序独立放单，若本地市场选单结束，则国内市场立即开单，此时区域、国内二市场保持同开，紧接着区域结束选单，则亚洲市场立即放单，即国内、亚洲二市场同开。选单时，各队需要点开相应的市场（如“国内”），某一市场选单结束，系统不会自动跳到其他市场。

提请注意：

（1）出现确认框，要在倒计时大于5秒时点“确认”，否则可能造成选单无效。

（2）在某细分市场（如本地P1）有多次选单机会，只要放弃一次，则视同放弃该细分市场所有选单机会。

（3）选单时各队两台电脑同时连接入网。

（4）本次比赛无市场老大。

9. 竞单会

在第4年和第6年订货会后，召开竞单会。系统1次同时放3张订单同时竞标，具体竞拍订单的信息将和市场预测图一起下发。

参与竞标的订单标明了订单编号、市场、产品、数量、ISO要求等，而总价、交货期、账期3项为空。竞标订单的相关要求说明如下。

（1）投标资质。

参与投标的公司需要有相应市场、ISO认证的资质，但不必有生产资格。

中标的公司需要为该单支付10万元标书费，计入广告费。

如果（已竞得单数+本次同时竞单数）×10>现金余额，则不能再竞，即必须有一定的现金库存作为保证金。如同时竞3张订单，库存现金为54万元，已经竞得3张订单，扣除了 30 万元标书费，还剩余 24 万元库存现金，则不能继续参与竞单，因为万一再竞得 3 张，24 万元库存现金不足以支付标书费 30 万元。

为防止恶意竞单，对竞得单数进行限制，如果［某队已竞得单数>ROUND（3×该年竞单总数/参赛队数）］，则不能继续竞单。

提请注意：

① ROUND 表示四舍五入。

② 如某队已竞得单数= ROUND，则该队可以继续参与竞单。

③ 参赛队数指经营中的队伍数量，破产退出经营的则不算在其内。

如某年竞单，共有 40 张订单，20 队参与竞单，当 1 队已经得到 7 张订单，因为 7>ROUND（3×40/20），所以不能继续竞单；但如果已经竞得 6 张订单，可以继续参与。

（2）投标。

参与投标的公司需要根据所投标的订单，在系统规定时间（90 秒，以倒计时形式显示）内填写总价、交货期、账期 3 项内容，确认后由系统按照下述公式计算得分：

得分=100+（5−交货期）×2+应收账期−8×总价/（该产品直接成本×数量）

以得分最高者中标。如果计算分数相同，则先提交者中标。

提请注意：

① 总价不能低于（可以等于）成本价，也不能高于（可以等于）成本价的 3 倍。

② 必须为竞单留足时间，如在倒计时小于或等于 5 秒再提交，可能无效。

③ 竞得订单与选中订单一样，算市场销售额。

10. 订单违约

订单必须在规定季或提前交货，应收账期从交货季开始算起。应收款收回系统自动完成，不需要各队填写收回金额。

11. 取整规则（均精确或舍到个位整数）

（1）违约金扣除——四舍五入。

（2）库存拍卖所得现金——四舍五入。

（3）贴现费用——向上取整。

（4）扣税——四舍五入。

（5）长短期贷款利息——四舍五入。

12. 关于违约问题

所有订单要求在本年度内完成（按订单上的产品数量和交货期交货）。如果订单没有完成，则视为违约订单，按下列条款加以处罚。

（1）分别按违约订单销售总额的 20%（四舍五入）计算违约金，并在当年第 4 季度结束后扣除，违约金计入“损失”。

（2）违约订单一律收回。

13. 重要参数（见表 4-37）

表 4-37 重要参数示意表

参数名称	参数值	参数名称	参数值
违约金比例	20%	贷款额倍数	3 倍
产品折价率	100 %	原料折价率	80%
长贷利率	10%	短贷利率	5%
1、2 期贴现率	10%	3、4 期贴现率	12.5%
初始现金	600 万元	管理费	10 万元
信息费	1 万元	所得税率	25%
最大长贷年限	5 年	最小得单广告额	10 万元
原料紧急采购倍数	2 倍	产品紧急采购倍数	3 倍
选单时间	45 秒	首位选单补时	20 秒
市场同开数量	2	市场老大	无
竞单时间	90 秒	竞单同竞数	3
最大厂房数量	4 个		

提请注意：

（1）每个市场各产品选单时第一个队选单时间为 65 秒，自第 2 个队起，选单时间设为 45 秒。

（2）初始资金为 600 万元。

（3）信息费为 1 万元/次/队，即交 1 万元可以查看一队企业的信息，交费企业以 Excel 表格形式获得“被间谍”企业的详细信息。竞单会时无法使用间谍。

14. 竞赛排名

6 年经营结束后，将根据各队的总成绩进行排名，分数高者排名在前。

$$总成绩 = 所有者权益 \times （1+企业综合发展潜力/100）-罚分$$

企业综合发展潜力，如表 4-38 所示。

表 4-38 企业综合发展潜力

项　目	企业综合发展潜力
自动线	+8/条
柔性线	+10/条
本地市场开发	+7
区域市场开发	+7

续表

项　目	企业综合发展潜力
国内市场开发	+8
亚洲市场开发	+9
国际市场开发	+10
ISO 9000	+8
ISO 14000	+10
P1 产品开发	+7
P2 产品开发	+8
P3 产品开发	+9
P4 产品开发	+10
P5 产品开发	+11
大厂房	+10
中厂房	+8
小厂房	+7

提请注意：

（1）如有若干队分数相同，则参照各队第 6 年经营结束后的最终权益，权益高者排名在前；若权益仍相等，则参照第 6 年经营结束时间，先结束第 6 年经营的队伍排名在前。

（2）生产线建成即加分（第 6 年年末缴纳维护费的生产线才算建成），无须生产出产品，也无须有在制品。租赁线不加分。

15. 罚分细则

（1）运行超时扣分。

运行超时有两种情况：一是指不能在规定时间内完成广告投放（可提前投放广告）；二是指不能在规定时间内完成“当年经营”。

处罚：按总分 50 分/分钟（不满 1 分钟按 1 分钟计算）计算罚分，最多不能超过 10 分钟。如果到 10 分钟后还不能完成相应的运行，将取消其参赛资格。

注意：投放广告时间、完成经营时间及提交报表时间系统均会记录，作为扣分依据。

（2）报表错误扣分。

必须按规定时间在系统中填制资产负债表、综合费用表、利润表，如果上交的报表与系统自动生成的报表对照有误，在总得分中扣罚 400 分/次，并以系统提供的报表为准进行修订。

注意：对上交报表时间会做规定，延误交报表视为一次错误，即使后来在系统中填制正确也要扣分。由运营超时引发延误交报表视同报表错误并扣分，如某队超时 4 分钟，将被扣除 600 分（50×4+400）。

（3）其他违规扣分。

在运行过程中，下列情况属违规。

① 对裁判正确的判罚不服从。

② 其他严重影响比赛正常进行的活动。

如有以上行为者，视情节轻重，在第 6 年经营结束后扣除该队总得分。

（4）所有罚分在第 6 年经营结束后计算总成绩时一起扣除。

16. 破产处理

当参赛队的所有者权益为负（指当年结束系统生成资产负债表时为负）或现金断流时（权益和现金可以为零），企业破产。

参赛队破产后，直接退出比赛。

（二）市场预测（见表 4-39 至表 4-42）

表 4-39 均价表 单位：万元

年 份	市 场	P1	P2	P3	P4	P5
第 2 年	本地	50.89	70.64	87.98	127.79	143.64
	区域	50.67	71.01	87.76	128.19	142.4
第 3 年	本地	50.2	69.09	85.54	128.43	141.27
	区域	50.01	70.32	83.85	128.78	142.12
	国内	49.22	69.84	83.09	129.45	141.7
第 4 年	本地	48.79	69.83	86.93	126.24	139
	区域	48.88	71.18	82.93	124.39	139.79
	国内	48.85	71.28	87.55	122.38	138.39
	亚洲	0	71.6	88.61	126.74	142.93
第 5 年	本地	50.7	69.44	80.76	126.97	150.3
	区域	50.36	72.07	81.87	127.55	148.48
	国内	50.66	69.84	82.08	127.67	149.33
	亚洲	0	70	88.03	131.31	153.11
	国际	56.95	70.83	81.7	0	148.53
第 6 年	本地	50.83	67.5	85.17	131.29	156.82
	区域	50.15	69.65	90.24	128.6	156.52
	国内	49.94	69	85.75	127.58	0
	亚洲	50.13	69.7	81.4	127.18	157.63
	国际	57.52	71.04	85.59	0	156.6

表 4-40 需求量表

单位：个

年　份	市　场	P1	P2	P3	P4	P5
第 2 年	本地	75	55	40	33	28
	区域	58	75	42	36	25
第 3 年	本地	79	54	13	37	26
	区域	78	60	40	32	33
	国内	81	55	44	38	33
第 4 年	本地	77	35	42	34	30
	区域	83	61	14	33	33
	国内	72	53	40	8	18
	亚洲	0	52	41	31	14
第 5 年	本地	66	48	50	35	23
	区域	73	14	38	38	31
	国内	76	51	38	33	15
	亚洲	0	43	35	29	9
	国际	22	24	10	0	34
第 6 年	本地	70	12	42	31	28
	区域	60	46	37	45	23
	国内	18	15	44	31	0
	亚洲	53	43	10	40	24
	国际	29	24	37	0	15

表 4-41 订单量表

单位：个

年　份	市　场	P1	P2	P3	P4	P5
第 2 年	本地	20	19	15	12	11
	区域	17	22	15	14	10
第 3 年	本地	21	19	6	14	10
	区域	23	19	14	13	12
第 3 年	国内	23	18	16	14	12
第 4 年	本地	21	13	15	15	12
	区域	21	20	6	13	12
	国内	21	20	15	4	7
	亚洲	0	17	17	14	6

续表

年　份	市　场	P1	P2	P3	P4	P5
第 5 年	本地	18	16	18	12	10
	区域	20	5	16	15	12
	国内	21	18	16	13	6
	亚洲	0	16	14	11	4
	国际	8	8	4	0	13
第 6 年	本地	19	5	15	12	11
	区域	15	17	14	15	11
	国内	5	5	16	11	0
	亚洲	12	16	5	13	9
	国际	9	8	12	0	6

表 4-42　竞单详情表

年　份	ID	市　场	产　品	数量（个）	所需的认证
第 4 年	4J01	本地	P1	2	无
	4J02	本地	P2	3	ISO 9000
	4J03	本地	P3	2	ISO 9000/ISO 14000
	4J04	本地	P5	3	ISO 9000/ISO 14000
	4J05	区域	P2	3	无
	4J06	区域	P3	4	ISO 14000
	4J07	区域	P4	2	无
	4J08	区域	P5	3	ISO 9000
	4J09	国内	P3	2	ISO 9000/ISO 14000
	4J10	国内	P3	3	ISO 9000/ISO 14000
	4J11	国内	P4	3	无
	4J12	国内	P5	4	ISO 14000
	4J13	国内	P1	2	无
	4J14	亚洲	P1	3	ISO 9000
	4J15	亚洲	P2	2	ISO 9000/ISO 14000
	4J16	亚洲	P2	3	ISO 9000/ISO 14000
	4J17	亚洲	P4	2	无
	4J18	亚洲	P5	4	ISO 14000
第 6 年	6J01	本地	P1	4	无
	6J10	本地	P2	4	无
	6J02	区域	P2	3	ISO 9000

续表

年　份	ID	市　场	产　品	数量（个）	所需的认证
第 6 年	6J03	区域	P4	3	ISO 9000/ISO 14000
	6J11	区域	P2	3	ISO 9000
	6J12	区域	P3	3	ISO 9000/ISO 14000
	6J04	国内	P2	2	无
	6J05	国内	P3	3	无
	6J13	国内	P3	2	无
	6J4	国内	P4	3	无
	6J06	亚洲	P3	5	ISO 9000
	6J07	亚洲	P4	4	无
	6J15	亚洲	P4	5	ISO 9000
	6J16	亚洲	P2	4	无
	6J08	国际	P5	3	ISO 14000
	6J09	国际	P1	3	无
	6J17	国际	P5	3	ISO 14000
	6J18	国际	P5	3	无

（三）数据分享

1. 第 1 年 3 张表（见表 4-43 至表 4-45）

表 4-43 综合费用表

单位：万元

用户名	JS01	JS02	JS03	JS04	JS05	JS06	JS07	JS08	JS09	JS10	JS11	JS12	JS13	JS14	JS15	JS16	JS17	JS18	JS19	JS20
管理费	40	40	40	40	40	40	40	40	40	40	40	40	40	40	40	40	40	40	40	40
广告费	0	0	0	0	0	0	0	0	0	0	0	0	0	0	0	0	0	0	0	0
设备维护费	100	25	20	10	0	10	5	100	25	0	25	75	0	0	0	35	50	10	25	25
转产费	0	0	0	0	0	0	0	0	0	0	0	0	0	0	0	0	0	0	0	0
租金	176	44	44	0	0	0	0	176	44	0	0	132	0	44	44	44	88	0	44	0
市场开拓费	50	50	40	50	50	50	20	50	50	50	50	50	50	50	50	50	50	50	50	50
产品研发费	94	60	64	82	60	82	64	64	50	43	50	142	64	82	70	60	50	20	60	70
ISO 认证费	25	25	25	25	25	25	25	25	25	25	25	25	25	25	25	25	25	10	25	25
信息费	0	0	0	0	0	0	0	0	0	0	0	0	0	0	0	0	0	0	0	0
其他	0	0	0	0	0	0	0	0	0	0	0	0	0	0	0	0	0	0	0	0
合计	485	244	233	207	175	207	154	455	234	158	190	464	179	241	229	254	303	130	244	210

表 4-44 利润表

单位：万元

用户名	JS01	JS02	JS03	JS04	JS05	JS06	JS07	JS08	JS09	JS10	JS11	JS12	JS13	JS14	JS15	JS16	JS17	JS18	JS19	JS20
销售收入	0	0	0	0	0	0	0	0	0	0	0	0	0	0	0	0	0	0	0	0
直接成本	0	0	0	0	0	0	0	0	0	0	0	0	0	0	0	0	0	0	0	0
毛利	0	0	0	0	0	0	0	0	0	0	0	0	0	0	0	0	0	0	0	0
综合费用	485	244	233	207	175	207	154	455	234	158	190	464	179	241	229	254	303	130	244	210

续表

用户名	JS01	JS02	JS03	JS04	JS05	JS06	JS07	JS08	JS09	JS10	JS11	JS12	JS13	JS14	JS15	JS16	JS17	JS18	JS19	JS20
折旧前利润	−485	−244	−233	−207	−175	−207	−154	−455	−234	−158	−190	−464	−179	−241	−229	−254	−303	−130	−244	−210
折旧	0	0	0	0	0	0	0	0	0	0	0	0	0	0	0	0	0	0	0	0
支付利息前利润	−485	−244	−233	−207	−175	−207	−154	−455	−234	−158	−190	−464	−179	−241	−229	−254	−303	−130	−244	−210
财务费用	0	0	0	0	0	0	0	0	0	0	0	0	0	0	0	0	0	0	0	0
税前利润	−485	−244	−233	−207	−175	−207	−154	−455	−234	−158	−190	−464	−179	−241	−229	−254	−303	−130	−244	−210
所得税	0	0	0	0	0	0	0	0	0	0	0	0	0	0	0	0	0	0	0	0
年度净利润	−485	−244	−233	−207	−175	−207	−154	−455	−234	−158	−190	−464	−179	−241	−229	−254	−303	−130	−244	−210

表 4-45　资产负债表

单位：万元

用户名	JS01	JS02	JS03	JS04	JS05	JS06	JS07	JS08	JS09	JS10	JS11	JS12	JS13	JS14	JS15	JS16	JS17	JS18	JS19	JS20
现金	715	185	13	79	475	19	0	745	344	8	6	1 086	7	165	157	12	214	106	145	8
应收款	0	0	0	0	0	0	0	0	0	0	0	0	0	0	0	0	0	0	0	0
在制品	600	150	120	60	0	60	30	600	150	0	150	450	0	0	0	210	300	60	150	150
产成品	0	0	0	0	0	0	0	0	0	0	0	0	0	0	0	0	0	0	0	0
原料	0	0	0	0	0	0	0	0	0	0	0	0	0	0	0	0	0	0	0	0
流动资产合计	1 315	335	133	139	475	79	30	1 345	494	8	156	1 536	7	165	157	222	514	166	295	158
土地和建筑	0	0	180	400	0	400	400	0	0	400	400	0	400	0	0	400	0	400	0	400
机器设备	800	200	160	80	0	80	40	800	200	0	200	600	0	0	0	280	400	80	200	200
在建工程	0	0	800	600	0	600	800	0	0	600	0	0	600	800	900	450	0	450	0	0
固定资产合计	800	200	1 140	1 080	0	1 080	1 240	800	200	1 000	600	600	1 000	800	900	1 130	400	930	200	600
资产总计	2 115	535	1 273	1 219	475	1 159	1 270	2 145	694	1 008	756	2 136	1 007	965	1 057	1 352	914	1 096	495	758
长期负债	1 950	0	0	0	0	0	0	1 950	0	0	0	1 950	0	0	0	0	0	0	0	0

续表

用户名	JS01	JS02	JS03	JS04	JS05	JS06	JS07	JS08	JS09	JS10	JS11	JS12	JS13	JS14	JS15	JS16	JS17	JS18	JS19	JS20
短期负债	0	129	856	776	0	716	774	0	278	516	296	0	536	556	636	956	567	576	89	318
特别贷款	0	0	0	0	0	0	0	0	0	0	0	0	0	0	0	0	0	0	0	0
应缴税金	0	0	0	0	0	0	0	0	0	0	0	0	0	0	0	0	0	0	0	0
负债合计	1 950	129	856	776	0	716	774	1 950	278	516	296	1 950	536	556	636	956	567	576	89	318
股东资本	650	650	650	650	650	650	650	650	650	650	650	650	650	650	650	650	650	650	650	650
利润留存	0	0	0	0	0	0	0	0	0	0	0	0	0	0	0	0	0	0	0	0
年度净利润	–485	–244	–233	–207	–175	–207	–154	–455	–234	–158	–190	–464	–179	–241	–229	–254	–303	–130	–244	–210
所有者权益合计	165	406	417	443	475	443	496	195	416	492	460	186	471	409	421	396	347	520	406	440
负债和所有者权益总计	2 115	535	1 273	1219	475	1 159	1270	2145	694	1 008	756	2 136	1 007	965	1 057	1 352	914	1 096	495	758

2. 第 2 年 3 张表（见表 4-46 至表 4-48）

表 4-46　综合费用表

单位：万元

用户名	JS01	JS02	JS03	JS04	JS05	JS06	JS07	JS08	JS09	JS10	JS11	JS12	JS13	JS14	JS15	JS16	JS17	JS18	JS19	JS20
管理费	40	40	40	40	40	40	40	40	40	40	40	40	0	40	40	40	40	40	40	40
广告费	174	171	83	102	133	112	64	184	146	124	133	123	111	122	128	180	185	105	145	157
设备维护费	100	65	100	275	70	395	110	100	105	110	50	95	0	345	100	95	50	70	75	130
转产费	0	0	0	0	0	0	0	0	0	0	0	0	0	0	0	0	0	0	0	0
租金	176	132	64	88	121	88	88	176	88	88	132	176	0	88	44	88	88	0	132	132
市场开拓费	30	30	40	30	30	30	40	30	30	30	30	30	0	30	30	30	30	30	30	30
产品研发费	11	11	11	23	11	13	41	11	20	52	39	13	0	13	23	0	0	30	33	52
ISO 认证费	25	25	25	25	25	25	25	25	25	25	25	25	0	25	25	25	25	25	25	25
信息费	0	0	0	0	0	0	0	0	0	0	0	0	0	0	0	0	0	0	0	0

续表

用户名	JS01	JS02	JS03	JS04	JS05	JS06	JS07	JS08	JS09	JS10	JS11	JS12	JS13	JS14	JS15	JS16	JS17	JS18	JS19	JS20
其他	0	0	0	0	0	0	0	0	0	0	0	2	0	0	0	0	0	0	0	20
合计	556	474	363	583	430	703	408	566	454	469	449	504	111	663	390	458	418	300	480	586

表 4-47　利润表

单位：万元

用户名	JS01	JS02	JS03	JS04	JS05	JS06	JS07	JS08	JS09	JS10	JS11	JS12	JS14	JS15	JS16	JS17	JS18	JS19	JS20
销售收入	2 083	1 447	1 180	1 685	1 077	1 957	1 049	1 814	1 160	1 235	1 099	2 130	1 830	1 304	1 692	1 436	665	1 436	1 471
直接成本	850	630	460	690	480	810	410	750	480	510	450	940	750	570	750	600	300	630	630
毛利	1 233	817	720	995	597	1 147	639	1 064	680	725	649	1 190	1 080	734	942	836	365	806	841
综合费用	556	474	363	583	430	703	408	566	454	469	449	504	663	390	458	418	300	480	586
折旧前利润	677	343	357	412	167	444	231	498	226	256	200	686	417	344	484	418	65	326	255
折旧	200	50	40	20	0	20	10	200	50	0	50	150	0	0	70	100	20	50	50
支付利息前利润	477	293	317	392	167	424	221	298	176	256	150	536	417	344	414	318	45	276	205
财务费用	292	37	83	140	0	132	123	270	13	74	76	262	63	55	177	45	27	68	91
税前利润	185	256	234	252	167	292	98	28	163	182	74	274	354	289	237	273	18	208	114
所得税	0	3	0	11	0	21	0	0	0	6	0	0	28	15	0	0	0	0	0
年度净利润	185	253	234	241	167	271	98	28	163	176	74	274	326	274	237	273	18	208	114

（注：JS13 破产。）

表 4-48　资产负债表

单位：万元

用户名	JS01	JS02	JS03	JS04	JS05	JS06	JS07	JS08	JS09	JS10	JS11	JS12	JS14	JS15	JS16	JS17	JS18	JS19	JS20
类型	系统	系统	系统	系统	系统	系统	系统	系统	系统	系统	系统	系统	系统	系统	系统	系统	系统	系统	系统
现金	16	203	201	11	493	1	3	3	296	407	3	29	2	428	3	316	538	279	16

续表

用户名	JS01	JS02	JS03	JS04	JS05	JS06	JS07	JS08	JS09	JS10	JS11	JS12	JS14	JS15	JS16	JS17	JS18	JS19	JS20
应收款	824	747	501	943	534	1 073	689	830	779	573	811	1 041	878	442	758	740	0	443	738
在制品	660	460	280	330	480	300	360	660	270	300	300	570	270	200	340	300	150	500	420
产成品	200	0	0	0	0	30	0	80	0	30	0	150	0	0	60	0	90	60	0
原料	0	0	0	0	0	0	0	0	20	0	0	10	0	0	0	0	0	0	80
流动资产合计	1 700	1 410	982	1 284	1 507	1 404	1 052	1 573	1 365	1 310	1 114	1 800	1 150	1 070	1 161	1 356	778	1 282	1 254
土地和建筑	0	0	0	0	0	0	0	0	0	0	0	0	0	0	0	0	400	0	0
机器设备	600	470	920	740	560	660	1 030	600	270	840	350	610	840	900	660	300	510	550	470
在建工程	0	0	0	0	0	0	0	0	0	0	450	0	0	0	0	0	0	0	150
固定资产合计	600	470	920	740	560	660	1 030	600	270	840	800	610	840	900	660	300	910	550	620
资产总计	2 300	1 880	1 902	2 024	2 067	2 064	2 082	2 173	1 635	2 150	1 914	2 410	1 990	1 970	1 821	1 656	1 688	1 832	1 874
长期负债	1 950	404	395	114	184	260	474	1 950	0	24	504	1 950	204	144	172	0	134	331	464
短期负债	0	814	856	1 215	1 241	1 069	1 014	0	1 056	1 452	876	0	1 023	1 116	1 016	1 036	1 016	887	856
特别贷款	0	0	0	0	0	0	0	0	0	0	0	0	0	0	0	0	0	0	0
应缴税金	0	3	0	11	0	21	0	0	0	6	0	0	28	15	0	0	0	0	0
负债合计	1 950	1 221	1 251	1 340	1 425	1 350	1 488	1 950	1 056	1 482	1 380	1 950	1 255	1 275	1 188	1 036	1 150	1 218	1 320
股东资本	650	650	650	650	650	650	650	650	650	650	650	650	650	650	650	650	650	650	650
利润留存	−485	−244	−233	−207	−175	−207	−154	−455	−234	−158	−190	−464	−241	−229	−254	−303	−130	−244	−210
年度净利润	185	253	234	241	167	271	98	28	163	176	74	274	326	274	237	273	18	208	114
所有者权益合计	350	659	651	684	642	714	594	223	579	668	534	460	735	695	633	620	538	614	554
负债和所有者权益总计	2 300	1 880	1 902	2 024	2 067	2 064	2 082	2 173	1 635	2 150	1 914	2 410	1 990	1 970	1 821	1 656	1 688	1 832	1 874

3. 第 3 年 3 张表（见表 4-49 至表 4-51）

表 4-49　综合费用表

单位：万元

用户名	JS01	JS02	JS03	JS04	JS05	JS06	JS07	JS08	JS09	JS10	JS11	JS12	JS14	JS15	JS16	JS17	JS18	JS19	JS20
管理费	40	40	40	40	40	40	40	40	40	40	40	40	40	40	40	40	40	40	40
广告费	206	234	260	133	237	150	161	233	293	149	161	161	153	218	256	222	281	177	225
设备维护费	100	130	430	340	70	410	110	100	340	240	110	95	345	175	95	75	395	75	150
转产费	0	0	0	0	0	0	0	0	0	0	0	0	0	0	0	0	0	0	0
租金	176	176	152	132	165	132	88	176	176	132	132	176	44	88	132	176	44	176	132
市场开拓费	20	20	20	20	20	20	30	20	20	20	20	20	20	20	20	20	20	20	20
产品研发费	79	44	53	30	44	40	0	0	20	0	26	0	31	10	30	53	13	62	13
ISO 认证费	0	0	0	0	0	0	0	0	0	0	0	0	0	0	0	0	15	0	0
信息费	0	0	0	0	0	0	0	0	0	0	0	0	0	0	0	0	0	0	0
其他	0	0	0	0	0	0	0	0	0	0	0	0	0	0	0	0	0	0	0
合计	621	644	955	695	576	792	429	569	889	581	489	492	633	551	573	586	808	550	580

表 4-50　利润表

单位：万元

用户名	JS01	JS02	JS03	JS04	JS05	JS06	JS07	JS08	JS09	JS10	JS11	JS12	JS14	JS15	JS16	JS17	JS18	JS19	JS20
销售收入	3 227	2 307	2 868	2 373	2 168	2 552	1 564	3 086	2 675	2 163	1 744	2 844	2 235	1 903	2 273	1 817	2 390	1 897	2 001
直接成本	1 330	1 000	1 200	990	920	1 080	630	1 280	1 110	900	720	1 220	930	820	970	750	990	810	840
毛利	1 897	1 307	1 668	1 383	1 248	1 472	934	1 806	1 565	1 263	1 024	1 624	1 305	1 083	1 303	1 067	1 400	1 087	1 161
综合费用	621	644	955	695	576	792	429	569	889	581	489	492	633	551	573	586	808	550	580
折旧前利润	1 276	663	713	688	672	680	505	1 237	676	682	535	1 132	672	532	730	481	592	537	581
折旧	200	130	200	160	140	140	220	200	80	180	100	190	170	180	160	100	110	150	130
支付利息前利润	1 076	533	513	528	532	540	285	1 037	596	502	435	942	502	352	570	381	482	387	451

续表

用户名	JS01	JS02	JS03	JS04	JS05	JS06	JS07	JS08	JS09	JS10	JS11	JS12	JS14	JS15	JS16	JS17	JS18	JS19	JS20
财务费用	367	89	162	167	139	100	137	323	140	73	191	351	96	75	174	106	90	116	140
税前利润	709	444	351	361	393	440	148	714	456	429	244	591	406	277	396	275	392	271	311
所得税	102	111	88	90	96	110	23	72	96	107	32	100	102	69	95	61	70	59	54
年度净利润	607	333	263	271	297	330	125	642	360	322	212	491	304	208	301	214	322	212	257

表 4-51 资产负债表

单位：万元

用户名	JS01	JS02	JS03	JS04	JS05	JS06	JS07	JS08	JS09	JS10	JS11	JS12	JS14	JS15	JS16	JS17	JS18	JS19	JS20
类型	系统	系统	系统	系统	系统	系统	系统	系统	系统	系统	系统	系统	系统	系统	系统	系统	系统	系统	系统
现金	1	55	354	12	325	770	560	643	427	265	505	302	666	169	366	268	78	436	40
应收款	1 908	1 278	1 201	1 285	846	976	654	1 204	1 125	1 062	233	1 489	854	1 373	762	887	1 336	560	1 395
在制品	660	500	420	420	470	480	380	640	710	510	540	760	360	270	400	450	300	480	600
产成品	30	0	0	0	0	30	120	0	0	0	0	30	0	40	0	0	30	250	0
原料	10	0	20	0	0	0	0	0	0	0	0	0	0	0	0	0	0	0	0
流动资产合计	2 609	1 833	1 995	1 717	1 641	2 256	1 714	2 487	2 262	1 837	1 278	2 581	1 880	1 852	1 528	1 605	1 744	1 726	2 035
土地和建筑	0	0	0	0	0	0	0	0	0	0	0	0	400	0	0	0	400	0	0
机器设备	400	340	760	580	420	640	810	400	510	660	700	420	670	800	500	400	400	400	490
在建工程	0	900	200	800	900	400	0	0	0	600	400	0	200	400	900	750	0	600	0
固定资产合计	400	1 240	960	1 380	1 320	1 040	810	400	510	1 260	1 100	420	1 270	1 200	1 400	1 150	800	1 000	490
资产总计	3 009	3 073	2 955	3 097	2 961	3 296	2 524	2 887	2 772	3 097	2 378	3 001	3 150	3 052	2 928	2 755	2 544	2 726	2 525
长期负债	1 950	934	817	524	684	630	768	1 950	434	364	724	1 950	704	824	503	404	284	894	784
短期负债	0	1 036	1 136	1 528	1 242	1 512	1 014	0	1 303	1 636	876	0	1 305	1 256	1 396	1 456	1 330	947	876
特别贷款	0	0	0	0	0	0	0	0	0	0	0	0	0	0	0	0	0	0	0
应缴税金	102	111	88	90	96	110	23	72	96	107	32	100	102	69	95	61	70	59	54

续表

用户名	JS01	JS02	JS03	JS04	JS05	JS06	JS07	JS08	JS09	JS10	JS11	JS12	JS14	JS15	JS16	JS17	JS18	JS19	JS20
负债合计	2 052	2 081	2 041	2 142	2 022	2 252	1 805	2 022	1 833	2 107	1 632	2 050	2 111	2 149	1 994	1 921	1 684	1 900	1 714
股东资本	650	650	650	650	650	650	650	650	650	650	650	650	650	650	650	650	650	650	650
利润留存	–300	9	1	34	–8	64	–56	–427	–71	18	–116	–190	85	45	–17	–30	–112	–36	–96
年度净利润	607	333	263	271	297	330	125	642	360	322	212	491	304	208	301	214	322	212	257
所有者权益合计	957	992	914	955	939	1 044	719	865	939	990	746	951	1 039	903	934	834	860	826	811
负债和所有者权益总计	3 009	3 073	2 955	3 097	2 961	3 296	2 524	2 887	2 772	3 097	2 378	3 001	3 150	3 052	2 928	2 755	2 544	2 726	2 525

4. 第 4 年 3 张表（见表 4-52 至表 4-54）

表 4-52　综合费用表

单位：万元

用户名	JS01	JS02	JS03	JS04	JS05	JS06	JS07	JS08	JS09	JS10	JS11	JS12	JS14	JS15	JS16	JS17	JS18	JS19	JS20
管理费	40	40	40	40	40	40	40	40	40	40	40	40	40	40	40	40	40	40	40
广告费	260	242	321	411	294	394	206	144	362	302	204	242	304	176	369	339	353	275	333
设备维护费	210	245	445	420	170	450	110	50	315	300	150	70	365	215	195	150	420	130	145
转产费	0	0	0	0	0	0	0	0	0	0	0	0	0	0	0	0	0	0	0
租金	88	132	152	132	121	44	176	176	132	176	176	176	0	132	176	176	132	176	132
市场开拓费	10	10	10	10	10	10	10	10	10	10	10	10	10	10	10	10	10	10	10
产品研发费	26	23	82	53	43	64	66	0	37	71	10	11	44	37	52	63	52	33	31
ISO 认证费	0	0	0	0	0	0	0	0	0	0	0	0	0	0	0	0	0	0	0
信息费	0	0	0	0	0	0	0	0	0	0	0	0	0	0	0	0	0	0	0
其他	110	10	10	0	0	76	0	100	170	0	0	50	0	0	0	50	0	10	10
合计	744	702	1 060	1 066	678	1 078	608	520	1 066	899	590	599	763	610	842	828	1 007	674	701

表 4-53 利润表

单位：万元

用户名	JS01	JS02	JS03	JS04	JS05	JS06	JS07	JS08	JS09	JS10	JS11	JS12	JS14	JS15	JS16	JS17	JS18	JS19	JS20
销售收入	2 972	3 262	3 339	3 800	3 059	3 879	2 364	2 153	2 781	3 230	2 787	2 262	2 410	2 285	2 785	2 974	2 982	3 038	2 779
直接成本	1 230	1 400	1 400	1 630	1 320	1 590	970	890	1 230	1 350	1 230	980	990	1 010	1 230	1 300	1 230	1 350	1 140
毛利	1 742	1 862	1 939	2 170	1 739	2 289	1 394	1 263	1 551	1 880	1 557	1 282	1 420	1 275	1 555	1 674	1 752	1 688	1 639
综合费用	744	702	1 060	1 066	678	1 078	608	520	1 066	899	590	599	763	610	842	828	1 007	674	701
折旧前利润	998	1 160	879	1 104	1 061	1 211	786	743	485	981	967	683	657	665	713	846	745	1 014	938
折旧	160	120	200	160	140	170	220	100	110	180	190	140	170	200	160	100	110	140	150
支付利息前利润	838	1 040	679	944	921	1 041	566	643	375	801	777	543	487	465	553	746	635	874	788
财务费用	318	188	168	213	153	145	143	195	130	136	192	299	159	161	197	208	158	185	203
税前利润	520	852	511	731	768	896	423	448	245	665	585	244	328	304	356	538	477	689	585
所得税	130	213	128	183	192	224	106	112	61	166	146	61	82	76	89	135	119	172	146
年度净利润	390	639	383	548	576	672	317	336	184	499	439	183	246	228	267	403	358	517	439

表 4-54 资产负债表

单位：万元

用户名	JS01	JS02	JS03	JS04	JS05	JS06	JS07	JS08	JS09	JS10	JS11	JS12	JS14	JS15	JS16	JS17	JS18	JS19	JS20
类型	系统	系统	系统	系统	系统	系统	系统	系统	系统	系统	系统	系统	系统	系统	系统	系统	系统	系统	系统
现金	1 182	498	618	1 121	660	1 040	3	786	332	796	3	1 317	1 294	604	252	257	499	1 359	437
应收款	1 221	1 942	1 547	1 299	1 574	1 862	886	972	1 119	1 149	1 396	781	231	1 052	978	1 255	1 448	527	1 099
在制品	680	680	460	530	710	500	300	300	510	600	510	740	420	320	510	480	450	660	460
产成品	0	0	0	0	0	0	0	0	340	0	0	0	90	190	210	30	30	0	0
原料	0	0	0	0	0	0	20	0	0	0	0	80	0	0	0	0	0	0	10
流动资产合计	3 083	3 120	2 625	2 950	2 944	3 402	1 209	2 058	2 301	2 545	1 909	2 918	2 035	2 166	1 950	2 022	2 427	2 546	2 006
机器设备	160	1 100	740	1 220	1 180	870	590	100	300	1 080	910	180	700	1 000	1 240	950	490	840	320

续表

用户名	JS01	JS02	JS03	JS04	JS05	JS06	JS07	JS08	JS09	JS10	JS11	JS12	JS14	JS15	JS16	JS17	JS18	JS19	JS20
土地和建筑	800	400	0	0	400	800	0	0	400	0	0	0	1 200	0	0	0	400	0	400
机器设备	160	1 100	740	1 220	1 180	870	590	100	300	1 080	910	180	700	1 000	1 240	950	490	840	320
在建工程	300	200	800	0	0	0	1 500	1 750	1 000	1 000	750	950	400	750	900	900	600	600	1 100
固定资产合计	1 260	1 700	1 540	1 220	1 580	1 670	2 090	1 850	1 700	2 080	1 660	1 130	2 300	1 750	2 140	1 850	1 490	1 440	1 820
资产总计	4 343	4 820	4 165	4 170	4 524	5 072	3 299	3 908	4 001	4 625	3 569	4 048	4 335	3 916	4 090	3 872	3 917	3 986	3 826
长期负债	1 750	1 504	1 464	1 104	1 574	1 140	1 143	1 950	994	1 074	1 082	1 410	1 484	1 433	1 044	784	924	1 484	1 094
短期负债	1 116	1 472	1 276	1 380	1 243	1 992	1 014	645	1 823	1 896	1 156	1 443	1 484	1 276	1 756	1 716	1 656	987	1 336
特别贷款	0	0	0	0	0	0	0	0	0	0	0	0	0	0	0	0	0	0	0
应缴税金	130	213	128	183	192	224	106	112	61	166	146	61	82	76	89	135	119	172	146
负债合计	2 996	3 189	2 868	2 667	3 009	3 356	2 263	2 707	2 878	3 136	2 384	2 914	3 050	2 785	2 889	2 635	2 699	2 643	2 576
股东资本	650	650	650	650	650	650	650	650	650	650	650	650	650	650	650	650	650	650	650
利润留存	307	342	264	305	289	394	69	215	289	340	96	301	389	253	284	184	210	176	161
年度净利润	390	639	383	548	576	672	317	336	184	499	439	183	246	228	267	403	358	517	439
所有者权益合计	1 347	1 631	1 297	1 503	1 515	1 716	1 036	1 201	1 123	1 489	1 185	1 134	1 285	1 131	1 201	1 237	1 218	1 343	1 250
负债和所有者权益总计	4 343	4 820	4 165	4 170	4 524	5 072	3 299	3 908	4 001	4 625	3 569	4 048	4 335	3 916	4 090	3 872	3 917	3 986	3 826

5. 第 5 年 3 张表（见表 4-55 至表 4-57）

表 4-55　综合费用表

单位：万元

用户名	JS01	JS02	JS03	JS04	JS05	JS06	JS07	JS08	JS09	JS10	JS11	JS12	JS14	JS15	JS16	JS17	JS18	JS19	JS20
管理费	40	40	40	40	40	40	40	40	40	40	40	40	40	40	40	40	40	40	40
广告费	198	180	483	430	360	745	388	220	452	467	286	351	471	368	635	634	737	312	539

续表

用户名	JS01	JS02	JS03	JS04	JS05	JS06	JS07	JS08	JS09	JS10	JS11	JS12	JS14	JS15	JS16	JS17	JS18	JS19	JS20
设备维护费	200	205	510	400	130	440	310	200	360	370	230	155	405	315	290	225	470	160	235
转产费	0	0	0	0	0	0	0	0	0	0	0	0	0	0	0	0	0	0	0
租金	0	44	176	88	33	0	176	176	132	176	132	176	0	176	132	176	132	88	88
市场开拓费	0	0	0	0	0	0	10	0	0	0	0	0	0	0	0	0	0	0	0
产品研发费	0	59	0	22	52	11	39	13	83	44	41	44	40	70	24	44	44	22	44
ISO 认证费	0	0	0	0	0	0	0	0	0	0	0	0	0	0	0	0	0	0	0
信息费	0	0	0	0	0	0	0	0	0	0	0	0	0	0	0	0	0	0	0
其他	120	80	60	20	80	120	0	50	250	60	120	0	0	0	0	0	0	60	60
合计	558	608	1 269	1 000	695	1 356	963	699	1 317	1 157	849	766	956	969	1 121	1 119	1 423	682	1 006

表 4-56　利润表

单位：万元

用户名	JS01	JS02	JS03	JS04	JS05	JS06	JS07	JS08	JS09	JS10	JS11	JS12	JS14	JS15	JS16	JS17	JS18	JS19	JS20
销售收入	2 308	2 795	4 134	3 112	2 756	3 810	3 281	2 278	3 841	3 591	2 227	2 227	3 416	3 093	4 323	3 732	3 885	1 795	3 350
直接成本	1 030	1 160	1 790	1 370	1 230	1 650	1 490	1 020	1 760	1 500	930	980	1 470	1 380	1 920	1 580	1 680	760	1 520
毛利	1 278	1 635	2 344	1 742	1 526	2 160	1 791	1 258	2 081	2 091	1 297	1 247	1 946	1 713	2 403	2 152	2 205	1 035	1 830
综合费用	558	608	1 269	1 000	695	1 356	963	699	1 317	1 157	849	766	956	969	1 121	1 119	1 423	682	1 006
折旧前利润	720	1 027	1 075	742	831	804	828	559	764	934	448	481	990	744	1 282	1 033	782	353	824
折旧	0	180	210	280	240	230	210	0	0	240	220	40	210	280	270	200	140	160	50
支付利息前利润	720	847	865	462	591	574	618	559	764	694	228	441	780	464	1 012	833	642	193	774
财务费用	243	227	224	178	258	223	290	269	295	200	224	228	222	205	257	266	238	196	251
税前利润	477	620	641	284	333	351	328	290	469	494	4	213	558	259	755	567	404	–3	523
所得税	119	155	160	71	83	88	82	73	117	124	1	53	140	65	189	142	101	0	131
年度净利润	358	465	481	213	250	263	246	217	352	370	3	160	418	194	566	425	303	–3	392

表4-57　资产负债表

单位：万元

用户名	JS01	JS02	JS03	JS04	JS05	JS06	JS07	JS08	JS09	JS10	JS11	JS12	JS14	JS15	JS16	JS17	JS18	JS19	JS20
类型	系统	系统	系统	系统	系统	系统	系统	系统	系统	系统	系统	系统	系统	系统	系统	系统	系统	系统	系统
现金	1 284	1 056	570	1 033	1 702	1 616	465	1 036	693	265	1 307	907	909	933	888	502	564	1 490	849
应收款	610	1 195	2 759	2 074	621	1 819	1 317	1 208	1 168	2 385	70	566	1 734	726	1 328	1 983	2 302	309	1 674
在制品	440	320	450	490	350	440	740	400	420	540	930	490	360	620	820	580	480	510	540
产成品	150	0	0	90	110	0	40	60	60	330	390	480	0	270	60	0	0	790	0
原料	120	50	0	0	30	20	30	40	20	10	0	80	0	10	0	0	0	10	10
流动资产合计	2 604	2 621	3 779	3 687	2 813	3 895	2 592	2 744	2 361	3 530	2 697	2 523	3 003	2 559	3 096	3 065	3 346	3 109	3 073
土地和建筑	1 600	1 200	0	400	1 200	1 600	0	0	400	0	400	0	1 200	0	400	0	400	800	800
机器设备	360	920	1 300	880	780	620	1 880	1 750	1 000	1 720	1 440	1 020	890	1 470	1 860	1 600	930	1 160	1 250
在建工程	1 300	2 400	750	700	1 600	1 100	0	600	1 200	1 200	200	1 200	600	750	200	850	600	300	400
固定资产合计	3 260	4 520	2 050	1 980	3 580	3 320	1 880	2 350	2 600	2 920	2 040	2 220	2 690	2 220	2 460	2 450	1 930	2 260	2 450
资产总计	5 864	7 141	5 829	5 667	6 393	7 215	4 472	5 094	4 961	6 450	4 737	4 743	5 693	4 779	5 556	5 515	5 276	5 369	5 523
长期负债	1 284	2 314	2 184	1 604	2 194	2 140	1 533	1 754	1 544	1 854	1 812	960	2 134	2 013	1 804	1 424	1 644	1 684	1 894
短期负债	2 756	2 576	1 707	2 276	2 351	3 008	1 575	1 849	1 825	2 613	1 736	2 436	1 716	1 376	1 796	2 287	2 010	2 345	1 856
特别贷款	0	0	0	0	0	0	0	0	0	0	0	0	0	0	0	0	0	0	0
应缴税金	119	155	160	71	83	88	82	73	117	124	1	53	140	65	189	142	101	0	131
负债合计	4 159	5 045	4 051	3 951	4 628	5 236	3 190	3 676	3 486	4 591	3 549	3 449	3 990	3 454	3 789	3 853	3 755	4 029	3 881
股东资本	650	650	650	650	650	650	650	650	650	650	650	650	650	650	650	650	650	650	650
利润留存	697	981	647	853	865	1 066	386	551	473	839	535	484	635	481	551	587	568	693	600
年度净利润	358	465	481	213	250	263	246	217	352	370	3	160	418	194	566	425	303	–3	392
所有者权益合计	1 705	2 096	1 778	1 716	1 765	1 979	1 282	1 418	1 475	1 859	1 188	1 294	1 703	1 325	1 767	1 662	1 521	1 340	1 642
负债和所有者权益总计	5 864	7 141	5 829	5 667	6 393	7 215	4 472	5 094	4 961	6 450	4 737	4 743	5 693	4 779	5 556	5 515	5 276	5 369	5 523

6. 第 6 年 3 张表（见表 4-58 至表 4-60）

表 4-58 综合费用表

单位：万元

用户名	JS01	JS02	JS03	JS04	JS05	JS06	JS07	JS08	JS09	JS10	JS11	JS12	JS14	JS15	JS16	JS17	JS18	JS19	JS20
管理费	40	40	40	40	40	40	0	40	40	40	40	40	40	40	40	40	40	40	40
广告费	506	922	954	479	602	826	860	495	704	933	441	773	635	921	806	883	936	322	624
设备维护费	490	445	625	580	380	625	0	400	580	490	200	430	500	405	400	400	550	300	225
转产费	0	0	0	0	0	0	0	0	0	0	0	0	0	0	0	0	0	0	0
租金	0	0	0	0	0	0	0	0	0	0	0	0	0	88	0	0	44	44	0
市场开拓费	0	0	0	0	0	0	0	0	0	0	0	0	0	0	0	0	0	0	0
产品研发费	0	13	0	0	0	0	0	122	0	0	44	0	0	0	44	0	21	0	0
ISO 认证费	0	0	0	0	0	0	0	0	0	0	0	0	0	0	0	0	0	0	0
信息费	0	0	0	0	0	0	0	0	0	0	0	0	0	0	0	0	0	0	0
其他	500	0	10	120	60	30	0	0	0	0	0	182	0	90	0	140	62	0	120
合计	1 536	1 420	1 629	1 219	1 082	1 521	860	1 057	1 324	1 463	725	1 425	1 175	1 544	1 290	1 463	1 653	706	1 009

表 4-59 利润表

单位：万元

用户名	JS01	JS02	JS03	JS04	JS05	JS06	JS08	JS09	JS10	JS11	JS12	JS14	JS15	JS16	JS17	JS18	JS19	JS20
销售收入	3 718	5 268	4 594	2 688	3 281	3 711	2 868	3 912	5 736	3 584	4 411	2 807	4 533	4 654	4 262	3 171	2 476	2 847
直接成本	1 490	2 030	1 950	1 190	1 430	1 510	1 220	1 580	2 320	1 660	1 840	1 160	2 010	1 980	1 840	1 450	1 000	1 230
毛利	2 228	3 238	2 644	1 498	1 851	2 201	1 648	2 332	3 416	1 924	2 571	1 647	2 523	2 674	2 422	1 721	1 476	1 617
综合费用	1 536	1 420	1 629	1 219	1 082	1 521	1 057	1 324	1 463	725	1 425	1 175	1 544	1 290	1 463	1 653	706	1 009
折旧前利润	692	1 818	1 015	279	769	680	591	1 008	1 953	1 199	1 146	472	979	1 384	959	68	770	608
折旧	60	220	360	280	180	200	350	200	440	320	190	280	410	450	360	260	240	250
支付利息前利润	632	1 598	655	−1	589	480	241	808	1 513	879	956	192	569	934	599	−192	530	358

续表

用户名	JS01	JS02	JS03	JS04	JS05	JS06	JS08	JS09	JS10	JS11	JS12	JS14	JS15	JS16	JS17	JS18	JS19	JS20
财务费用	321	416	475	295	383	398	456	426	546	330	384	310	449	347	361	391	380	332
税前利润	311	1 182	180	–296	206	82	–215	382	967	549	572	–118	120	587	238	–583	150	26
所得税	78	296	45	0	52	21	0	96	242	137	143	0	30	147	60	0	37	7
年度净利润	233	886	135	–296	154	61	–215	286	725	412	429	–118	90	440	178	–583	113	19

（注：JS07破产。）

表4-60　资产负债表

单位：万元

用户名	JS01	JS02	JS03	JS04	JS05	JS06	JS08	JS09	JS10	JS11	JS12	JS14	JS15	JS16	JS17	JS18	JS19	JS20
类型	系统	系统	系统	系统	系统	系统	系统	系统	系统	系统	系统	系统	系统	系统	系统	系统	系统	系统
现金	761	926	1 367	1 357	1 248	2 009	46	4	693	1 402	630	1 752	437	10	749	729	1 526	761
应收款	1 920	3 740	2 435	1 201	1 338	1 919	911	1 768	3 430	649	1 128	1 275	2 093	3 485	2 187	2 172	54	1 953
在制品	0	0	0	0	0	0	0	0	0	0	0	0	0	0	0	0	0	0
产成品	0	0	0	0	0	0	0	0	0	0	0	0	120	0	0	0	0	60
原料	110	200	70	260	140	260	0	160	200	430	240	240	200	110	150	30	240	80
流动资产合计	2 791	4 866	3 872	2 818	2 726	4 188	957	1 932	4 323	2 481	1 998	3 267	2 850	3 605	3 086	2 931	1 820	2 854
土地和建筑	1 600	1 600	1 600	1 600	1 500	1 600	1 600	1 600	1 600	1 600	1 600	1 600	800	1 600	1 600	1 200	1 200	1 600
机器设备	2 740	3 100	1 820	2 150	3 040	2 210	2 900	2 750	2 480	1 220	2 150	1 500	1 770	2 450	2 200	1 370	2 490	1 090
在建工程	0	0	0	0	0	0	0	0	0	0	0	0	0	0	0	0	0	1 050
固定资产合计	4 340	4 700	3 420	3 750	4 540	3 810	4 500	4 350	4 080	2 820	3 750	3 100	2 570	4 050	3 800	2 570	3 690	3 740
资产总计	7 131	9 566	7 292	6 568	7 266	7 998	5 457	6 282	8 403	5 301	5 748	6 367	5 420	7 655	6 886	5 501	5 510	6 594
长期负债	2 359	3 712	3 627	2 872	2 944	2 929	2 405	2 600	2 964	1 828	1 446	3 384	2 599	3 505	2 699	2 553	1 684	3 070
短期负债	2 756	2 576	1 707	2 276	2 351	3 008	1 849	1 825	2 613	1 736	2 436	1 398	1 376	1 796	2 287	2 010	2 336	1 856

续表

用户名	JS01	JS02	JS03	JS04	JS05	JS06	JS08	JS09	JS10	JS11	JS12	JS14	JS15	JS16	JS17	JS18	JS19	JS20
特别贷款	0	0	0	0	0	0	0	0	0	0	0	0	0	0	0	0	0	0
应缴税金	78	296	45	0	52	21	0	96	242	137	143	0	30	147	60	0	37	7
负债合计	5 193	6 584	5 379	5 148	5 347	5 958	4 254	4 521	5 819	3 701	4 025	4 782	4 005	5 448	5 046	4 563	4 057	4 933
股东资本	650	650	650	650	650	650	650	650	650	650	650	650	650	650	650	650	650	650
利润留存	1 055	1 446	1 128	1 066	1 115	1 329	768	825	1 209	538	644	1 053	675	1 117	1 012	871	690	992
年度净利润	233	886	135	–296	154	61	–215	286	725	412	429	–118	90	440	178	–583	113	19
所有者权益合计	1 938	2 982	1 913	1 420	1 919	2 040	1 203	1 761	2 584	1 600	1 723	1 585	1 415	2 207	1 840	938	1 453	1 661
负债和所有者权益总计	7 131	9 566	7 292	6 568	7 266	7 998	5 457	6 282	8 403	5 301	5 748	6 367	5 420	7 655	6 886	5 501	5 510	6 594

附录

过程化考核教学手册

2020 年第　学期教师授课计划表

（扫下方二维码读取内容）

《ERP 沙盘模拟经营（第 2 版）》教学大纲

（扫下方二维码读取内容）

第一轮运营流程

（扫下方二维码读取内容）

第一轮分组情况

组号		
公司名称		
公司口号		
角　色	姓　名	备　注
总经理		
财务总监		
市场总监		
生产总监		
采购总监		
总经理助理		
财务助理		

第一轮第一年整体预算情况

角　色	预测思路
总经理	
财务总监	
市场总监	

续表

角　色	预测思路
生产总监	
采购总监	

第一轮第一年运行报表情况

第一年现金预算表

单位：万元

	第 1 季度	第 2 季度	第 3 季度	第 4 季度
年初库存现金				
支付上年应缴税				
市场广告投入				
支付长贷利息				
申请长期贷款				
财务费用				
贴现额（第 1 季度、第 2 季度）				
费用				
贴现额（第 3 季度、第 4 季度）				
费用				
贴现后现金				
季初盘点				
短期贷款还本付息				
申请短期贷款				
财务费用				
原料入库				
购买厂房				
租用厂房				
生产线投资				
转产费用				
开始下一批生产				
应收款前余额				
上年应收款				
本年应收款				

续表

	第 1 季度	第 2 季度	第 3 季度	第 4 季度
应收到期合计				
产品研发投资				
购买厂房				
租用厂房				
支付管理费用				
市场开拓投资				
ISO 认证资格				
支付设备维护费				
库存现金余额				

第一年综合费用表

第一年利润表 单位：万元

项　目	金　额	项　目	金　额
管理费		销售收入	
广告费		直接成本	
设备维护费		毛利	
损失		综合费用	
转产费		折旧前利润	
厂房租金		折旧	
市场开拓		支付利息前利润	
ISO 资格认证		财务费用	
产品研发		税前利润	
信息费		所得税	
合计		年度净利润	

第一年资产负债表 单位：万元

项　目	金　额	项　目	金　额
现金		长期贷款	
应收款		短期贷款	
在制品		应缴所得税	
产成品		—	
原料		—	
流动资产合计		负债合计	
厂房		股东资本	
生产线		利润留存	

续表

项　目	金　额	项　目	金　额
在建工程		年度净利润	
固定资产合计		所有者权益合计	
资产总计		负债所有者权益总计	

第一轮第二年整体预算情况

角　色	预测思路
总经理	
财务总监	
市场总监	
生产总监	
采购总监	

第一轮第二年运行报表情况

第二年现金预算表　　单位：万元

	第 1 季度	第 2 季度	第 3 季度	第 4 季度
年初库存现金				
支付上年应缴税				
市场广告投入				
支付长贷利息				
申请长期贷款				
财务费用				
贴现额（第 1 季度、第 2 季度）				
费用				
贴现额（第 3 季度、第 4 季度）				
费用				

续表

	第 1 季度	第 2 季度	第 3 季度	第 4 季度
贴现后现金				
季初盘点				
短期贷款还本付息				
申请短期贷款				
财务费用				
原料入库				
购买厂房				
租用厂房				
生产线投资				
转产费用				
开始下一批生产				
应收款前余额				
上年应收款				
本年应收款				
应收到期合计				
产品研发投资				
购买厂房				
租用厂房				
支付管理费用				
市场开拓投资				
ISO 认证资格				
支付设备维护费				
库存现金余额				

第二年综合费用表

第二年利润表

单位：万元

项　目	金　额	项　目	金　额
管理费		销售收入	
广告费		直接成本	
设备维护费		毛利	
损失		综合费用	
转产费		折旧前利润	
厂房租金		折旧	
市场开拓		支付利息前利润	
ISO 资格认证		财务费用	

续表

项　目	金　额	项　目	金　额
产品研发		税前利润	
信息费		所得税	
合计		年度净利润	

第二年资产负债表

单位：万元

项　目	金　额	项　目	金　额
现金		长期贷款	
应收款		短期贷款	
在制品		应缴所得税	
产成品		—	
原料		—	
流动资产合计		负债合计	
厂房		股东资本	
生产线		利润留存	
在建工程		年度净利润	
固定资产合计		所有者权益合计	
资产总计		负债所有者权益总计	

第一轮第三年整体预算情况

角　色	预测思路
总经理	
财务总监	
市场总监	
生产总监	
采购总监	

第一轮第三年运行报表情况

第三年现金预算表

单位：万元

	第 1 季度	第 2 季度	第 3 季度	第 4 季度
年初库存现金				
支付上年应缴税				
市场广告投入				
支付长贷利息				
申请长期贷款				
财务费用				
贴现额（第 1 季度、第 2 季度）				
费用				
贴现额（第 3 季度、第 4 季度）				
费用				
贴现后现金				
季初盘点				
短期贷款还本付息				
申请短期贷款				
财务费用				
原料入库				
购买厂房				
租用厂房				
生产线投资				
转产费用				
开始下一批生产				
应收款前余额				
上年应收款				
本年应收款				
应收到期合计				
产品研发投资				
购买厂房				
租用厂房				
支付管理费用				
市场开拓投资				
ISO 认证资格				
支付设备维护费				

续表

	第 1 季度	第 2 季度	第 3 季度	第 4 季度
库存现金余额				

第三年综合费用表

第三年利润表

单位：万元

项　目	金　额	项　目	金　额
管理费		销售收入	
广告费		直接成本	
设备维护费		毛利	
损失		综合费用	
转产费		折旧前利润	
厂房租金		折旧	
市场开拓		支付利息前利润	
ISO 资格认证		财务费用	
产品研发		税前利润	
信息费		所得税	
合计		年度净利润	

第三年资产负债表

单位：万元

项　目	金　额	项　目	金　额
现金		长期贷款	
应收款		短期贷款	
在制品		应缴所得税	
产成品		—	
原料		—	
流动资产合计		负债合计	
厂房		股东资本	
生产线		利润留存	
在建工程		年度净利润	
固定资产合计		所有者权益合计	
资产总计		负债所有者权益总计	

第一轮第四年整体预算情况

角　色	预测思路
总经理	
财务总监	
市场总监	
生产总监	
采购总监	

第一轮第四年运行报表情况

第四年现金预算表

单位：万元

	第 1 季度	第 2 季度	第 3 季度	第 4 季度
年初库存现金				
支付上年应缴税				
市场广告投入				
支付长贷利息				
申请长期贷款				
财务费用				
贴现额（第 1 季度、第 2 季度）				
费用				
贴现额（第 3 季度、第 4 季度）				
费用				
贴现后现金				
季初盘点				
短期贷款还本付息				
申请短期贷款				
财务费用				

续表

	第 1 季度	第 2 季度	第 3 季度	第 4 季度
原料入库				
购买厂房				
租用厂房				
生产线投资				
转产费用				
开始下一批生产				
应收款前余额				
上年应收款				
本年应收款				
应收到期合计				
产品研发投资				
购买厂房				
租用厂房				
支付管理费用				
市场开拓投资				
ISO 认证资格				
支付设备维护费				
库存现金余额				

第四年综合费用表　　单位：万元

项　目	金　额
管理费	
广告费	
设备维护费	
损失	
转产费	
厂房租金	
市场开拓	
ISO 资格认证	
产品研发	
信息费	
合计	

第四年利润表　　单位：万元

项　目	金　额
销售收入	
直接成本	
毛利	
综合费用	
折旧前利润	
折旧	
支付利息前利润	
财务费用	
税前利润	
所得税	
年度净利润	

第四年资产负债表

单位：万元

项　　目	金　　额	项　　目	金　　额
现金		长期贷款	
应收款		短期贷款	
在制品		应缴所得税	
产成品		—	
原料		—	
流动资产合计		负债合计	
厂房		股东资本	
生产线		利润留存	
在建工程		年度净利润	
固定资产合计		所有者权益合计	
资产总计		负债所有者权益总计	

第一轮第五年整体预算情况

角　　色	预测思路
总经理	
财务总监	
市场总监	
生产总监	
采购总监	

第一轮第五年运行报表情况

第五年现金预算表

单位：万元

	第 1 季度	第 2 季度	第 3 季度	第 4 季度
年初库存现金				

续表

	第 1 季度	第 2 季度	第 3 季度	第 4 季度
支付上年应缴税				
市场广告投入				
支付长贷利息				
申请长期贷款				
财务费用				
贴现额（第 1 季度、第 2 季度）				
费用				
贴现额（第 3 季度、第 4 季度）				
费用				
贴现后现金				
季初盘点				
短期贷款还本付息				
申请短期贷款				
财务费用				
原料入库				
购买厂房				
租用厂房				
生产线投资				
转产费用				
开始下一批生产				
应收款前余额				
上年应收款				
本年应收款				
应收到期合计				
产品研发投资				
购买厂房				
租用厂房				
支付管理费用				
市场开拓投资				
ISO 认证资格				
支付设备维护费				
库存现金余额				

第五年综合费用表　　单位：万元

项　目	金　额
管理费	
广告费	
设备维护费	
损失	
转产费	
厂房租金	
市场开拓	
ISO 资格认证	
产品研发	
信息费	
合计	

第五年利润表　　单位：万元

项　目	金　额
销售收入	
直接成本	
毛利	
综合费用	
折旧前利润	
折旧	
支付利息前利润	
财务费用	
税前利润	
所得税	
年度净利润	

第五年资产负债表　　单位：万元

项　目	金　额	项　目	金　额
现金		长期贷款	
应收款		短期贷款	
在制品		应缴所得税	
产成品		—	
原料		—	
流动资产合计		负债合计	
厂房		股东资本	
生产线		利润留存	
在建工程		年度净利润	
固定资产合计		所有者权益合计	
资产总计		负债所有者权益总计	

第一轮第六年整体预算情况

角　色	预测思路
总经理	
财务总监	

续表

角　色	预测思路
市场总监	
生产总监	
采购总监	

第一轮第六年运行报表情况

第六年现金预算表　　单位：万元

	第 1 季度	第 2 季度	第 3 季度	第 4 季度
年初库存现金				
支付上年应缴税				
市场广告投入				
支付长贷利息				
申请长期贷款				
财务费用				
贴现额（第 1 季度、第 2 季度）				
费用				
贴现额（第 3 季度、第 4 季度）				
费用				
贴现后现金				
季初盘点				
短期贷款还本付息				
申请短期贷款				
财务费用				
原料入库				
购买厂房				
租用厂房				
生产线投资				
转产费用				
开始下一批生产				

续表

	第 1 季度	第 2 季度	第 3 季度	第 4 季度
应收款前余额				
上年应收款				
本年应收款				
应收到期合计				
产品研发投资				
购买厂房				
租用厂房				
支付管理费用				
市场开拓投资				
ISO 认证资格				
支付设备维护费				
库存现金余额				

第六年综合费用表　　**单位：万元**

项　　目	金　　额
管理费	
广告费	
设备维护费	
损失	
转产费	
厂房租金	
市场开拓	
ISO 资格认证	
产品研发	
信息费	
合计	

第六年利润表　　**单位：万元**

项　　目	金　　额
销售收入	
直接成本	
毛利	
综合费用	
折旧前利润	
折旧	
支付利息前利润	
财务费用	
税前利润	
所得税	
年度净利润	

第六年资产负债表　　**单位：万元**

项　　目	金　　额	项　　目	金　　额
现金		长期贷款	
应收款		短期贷款	
在制品		应缴所得税	
产成品		—	
原料		—	

续表

项　目	金　额	项　目	金　额
流动资产合计		负债合计	
厂房		股东资本	
生产线		利润留存	
在建工程		年度净利润	
固定资产合计		所有者权益合计	
资产总计		负债所有者权益总计	

第二轮运营流程

（扫下方二维码读取内容）

第二轮分组情况

组号		
公司名称		
公司口号		
角　色	姓　名	备　注
总经理		
财务总监		
市场总监		
生产总监		
采购总监		
总经理助理		
财务助理		

第二轮第一年整体预算情况

角　色	预测思路
总经理	
财务总监	
市场总监	
生产总监	
采购总监	

第二轮第一年运行报表情况

第一年现金预算表　　单位：万元

	第 1 季度	第 2 季度	第 3 季度	第 4 季度
年初库存现金				
支付上年应缴税				
市场广告投入				
支付长贷利息				
申请长期贷款				
财务费用				
贴现额（第 1 季度、第 2 季度）				
费用				
贴现额（第 3 季度、第 4 季度）				
费用				
贴现后现金				
季初盘点				
短期贷款还本付息				
申请短期贷款				

续表

	第 1 季度	第 2 季度	第 3 季度	第 4 季度
财务费用				
原料入库				
购买厂房				
租用厂房				
生产线投资				
转产费用				
开始下一批生产				
应收款前余额				
上年应收款				
本年应收款				
应收到期合计				
产品研发投资				
购买厂房				
租用厂房				
支付管理费用				
市场开拓投资				
ISO 认证资格				
支付设备维护费				
库存现金余额				

第一年综合费用表

第一年利润表

单位：万元

项　目	金　额	项　目	金　额
管理费		销售收入	
广告费		直接成本	
设备维护费		毛利	
损失		综合费用	
转产费		折旧前利润	
厂房租金		折旧	
市场开拓		支付利息前利润	
ISO 资格认证		财务费用	
产品研发		税前利润	
信息费		所得税	
合计		年度净利润	

第一年资产负债表

单位：万元

项　目	金　额	项　目	金　额
现金		长期贷款	
应收款		短期贷款	
在制品		应缴所得税	
产成品		—	
原料		—	
流动资产合计		负债合计	
厂房		股东资本	
生产线		利润留存	
在建工程		年度净利润	
固定资产合计		所有者权益合计	
资产总计		负债所有者权益总计	

第二轮第二年整体预算情况

角　色	预测思路
总经理	
财务总监	
市场总监	
生产总监	
采购总监	

第二轮第二年运行报表情况

第二年现金预算表

单位：万元

	第 1 季度	第 2 季度	第 3 季度	第 4 季度
年初库存现金				

续表

	第 1 季度	第 2 季度	第 3 季度	第 4 季度
支付上年应缴税				
市场广告投入				
支付长贷利息				
申请长期贷款				
财务费用				
贴现额（第 1 季度、第 2 季度）				
费用				
贴现额（第 3 季度、第 4 季度）				
费用				
贴现后现金				
季初盘点				
短期贷款还本付息				
申请短期贷款				
财务费用				
原料入库				
购买厂房				
租用厂房				
生产线投资				
转产费用				
开始下一批生产				
应收款前余额				
上年应收款				
本年应收款				
应收到期合计				
产品研发投资				
购买厂房				
租用厂房				
支付管理费用				
市场开拓投资				
ISO 认证资格				
支付设备维护费				
库存现金余额				

第二年综合费用表　　单位：万元

项　目	金　额
管理费	
广告费	
设备维护费	
损失	
转产费	
厂房租金	
市场开拓	
ISO 资格认证	
产品研发	
信息费	
合计	

第二年利润表　　单位：万元

项　目	金　额
销售收入	
直接成本	
毛利	
综合费用	
折旧前利润	
折旧	
支付利息前利润	
财务费用	
税前利润	
所得税	
年度净利润	

第二年资产负债表　　单位：万元

项　目	金　额	项　目	金　额
现金		长期贷款	
应收款		短期贷款	
在制品		应缴所得税	
产成品		—	
原料		—	
流动资产合计		负债合计	
厂房		股东资本	
生产线		利润留存	
在建工程		年度净利润	
固定资产合计		所有者权益合计	
资产总计		负债所有者权益总计	

第二轮第三年整体预算情况

角　色	预测思路
总经理	
财务总监	

续表

角　色	预测思路
市场总监	
生产总监	
采购总监	

第二轮第三年运行报表情况

第三年现金预算表　　单位：万元

	第 1 季度	第 2 季度	第 3 季度	第 4 季度
年初库存现金				
支付上年应缴税				
市场广告投入				
支付长贷利息				
申请长期贷款				
财务费用				
贴现额（第 1 季度、第 2 季度）				
费用				
贴现额（第 3 季度、第 4 季度）				
费用				
贴现后现金				
季初盘点				
短期贷款还本付息				
申请短期贷款				
财务费用				
原料入库				
购买厂房				
租用厂房				
生产线投资				
转产费用				
开始下一批生产				

续表

	第 1 季度	第 2 季度	第 3 季度	第 4 季度
应收款前余额				
上年应收款				
本年应收款				
应收到期合计				
产品研发投资				
购买厂房				
租用厂房				
支付管理费用				
市场开拓投资				
ISO 认证资格				
支付设备维护费				
库存现金余额				

第三年综合费用表

第三年利润表　单位：万元

项　目	金　额	项　目	金　额
管理费		销售收入	
广告费		直接成本	
设备维护费		毛利	
损失		综合费用	
转产费		折旧前利润	
厂房租金		折旧	
市场开拓		支付利息前利润	
ISO 资格认证		财务费用	
产品研发		税前利润	
信息费		所得税	
合计		年度净利润	

第三年资产负债表　单位：万元

项　目	金　额	项　目	金　额
现金		长期贷款	
应收款		短期贷款	
在制品		应缴所得税	
产成品		—	

续表

项　目	金　额	项　目	金　额
原料		—	
流动资产合计		负债合计	
厂房		股东资本	
生产线		利润留存	
在建工程		年度净利润	
固定资产合计		所有者权益合计	
资产总计		负债所有者权益总计	

第二轮第四年整体预算情况

角　色	预测思路
总经理	
财务总监	
市场总监	
生产总监	
采购总监	

第二轮第四年运行报表情况

第四年现金预算表

单位：万元

	第 1 季度	第 2 季度	第 3 季度	第 4 季度
年初库存现金				
支付上年应缴税				
市场广告投入				
支付长贷利息				
申请长期贷款				
财务费用				

续表

	第 1 季度	第 2 季度	第 3 季度	第 4 季度
贴现额（第 1 季度、第 2 季度）				
费用				
贴现额（第 3 季度、第 4 季度）				
费用				
贴现后现金				
季初盘点				
短期贷款还本付息				
申请短期贷款				
财务费用				
原料入库				
购买厂房				
租用厂房				
生产线投资				
转产费用				
开始下一批生产				
应收款前余额				
上年应收款				
本年应收款				
应收到期合计				
产品研发投资				
购买厂房				
租用厂房				
支付管理费用				
市场开拓投资				
ISO 认证资格				
支付设备维护费				
库存现金余额				

第四年综合费用表　　单位：万元

项　　目	金　　额
管理费	
广告费	
设备维护费	
损失	

第四年利润表　　单位：万元

项　　目	金　　额
销售收入	
直接成本	
毛利	
综合费用	

续表

项 目	金 额
转产费	
厂房租金	
市场开拓	
ISO 资格认证	
产品研发	
信息费	
合计	

项 目	金 额
折旧前利润	
折旧	
支付利息前利润	
财务费用	
税前利润	
所得税	
年度净利润	

第四年资产负债表

单位：万元

项 目	金 额	项 目	金 额
现金		长期贷款	
应收款		短期贷款	
在制品		应缴所得税	
产成品		—	
原料		—	
流动资产合计		负债合计	
厂房		股东资本	
生产线		利润留存	
在建工程		年度净利润	
固定资产合计		所有者权益合计	
资产总计		负债所有者权益总计	

第二轮第五年整体预算情况

角 色	预测思路
总经理	
财务总监	
市场总监	

续表

角　色	预测思路
生产总监	
采购总监	

第二轮第五年运行报表情况

第五年现金预算表　　单位：万元

	第 1 季度	第 2 季度	第 3 季度	第 4 季度
年初库存现金				
支付上年应缴税				
市场广告投入				
支付长贷利息				
申请长期贷款				
财务费用				
贴现额（第 1 季度、第 2 季度）				
费用				
贴现额（第 3 季度、第 4 季度）				
费用				
贴现后现金				
季初盘点				
短期贷款还本付息				
申请短期贷款				
财务费用				
原料入库				
购买厂房				
租用厂房				
生产线投资				
转产费用				
开始下一批生产				
应收款前余额				
上年应收款				
本年应收款				

续表

	第 1 季度	第 2 季度	第 3 季度	第 4 季度
应收到期合计				
产品研发投资				
购买厂房				
租用厂房				
支付管理费用				
市场开拓投资				
ISO 认证资格				
支付设备维护费				
库存现金余额				

第五年综合费用表　　单位：万元

项　目	金　额
管理费	
广告费	
设备维护费	
损失	
转产费	
厂房租金	
市场开拓	
ISO 资格认证	
产品研发	
信息费	
合计	

第五年利润表　　单位：万元

项　目	金　额
销售收入	
直接成本	
毛利	
综合费用	
折旧前利润	
折旧	
支付利息前利润	
财务费用	
税前利润	
所得税	
年度净利润	

第五年资产负债表　　单位：万元

项　目	金　额	项　目	金　额
现金		长期贷款	
应收款		短期贷款	
在制品		应缴所得税	
产成品		—	
原料		—	
流动资产合计		负债合计	
厂房		股东资本	
生产线		利润留存	

续表

项　目	金　额	项　目	金　额
在建工程		年度净利润	
固定资产合计		所有者权益合计	
资产总计		负债所有者权益总计	

第二轮第六年整体预算情况

角　色	预测思路
总经理	
财务总监	
市场总监	
生产总监	
采购总监	

第二轮第六年运行报表情况

第六年现金预算表　单位：万元

	第 1 季度	第 2 季度	第 3 季度	第 4 季度
年初库存现金				
支付上年应缴税				
市场广告投入				
支付长贷利息				
申请长期贷款				
财务费用				
贴现额（第 1 季度、第 2 季度）				
费用				
贴现额（第 3 季度、第 4 季度）				
费用				

续表

	第 1 季度	第 2 季度	第 3 季度	第 4 季度
贴现后现金				
季初盘点				
短期贷款还本付息				
申请短期贷款				
财务费用				
原料入库				
购买厂房				
租用厂房				
生产线投资				
转产费用				
开始下一批生产				
应收款前余额				
上年应收款				
本年应收款				
应收到期合计				
产品研发投资				
购买厂房				
租用厂房				
支付管理费用				
市场开拓投资				
ISO 认证资格				
支付设备维护费				
库存现金余额				

第六年综合费用表　　单位：万元

项　目	金　额
管理费	
广告费	
设备维护费	
损失	
转产费	
厂房租金	
市场开拓	
ISO 资格认证	

第六年利润表　　单位：万元

项　目	金　额
销售收入	
直接成本	
毛利	
综合费用	
折旧前利润	
折旧	
支付利息前利润	
财务费用	

续表

项　目	金　额
产品研发	
信息费	
合计	

项　目	金　额
税前利润	
所得税	
年度净利润	

第六年资产负债表

单位：万元

项　目	金　额	项　目	金　额
现金		长期贷款	
应收款		短期贷款	
在制品		应缴所得税	
产成品		—	
原料		—	
流动资产合计		负债合计	
厂房		股东资本	
生产线		利润留存	
在建工程		年度净利润	
固定资产合计		所有者权益合计	
资产总计		负债所有者权益总计	

实训心得（不少于 2000 字）

实训心得评语：

得分： 教师签字：

实训成绩评分表

序　号	得分项	得　分	权　重	折算后分数
1	出勤情况		10%	
2	角色演练情况		30%	
3	学习通作业完成		20%	
4	课堂表现		10%	
5	实习心得		30%	
6	总成绩			

参考文献

[1] 刘勇. ERP 沙盘模拟实训教程（第 3 版）[M]. 北京：经济管理出版社，2018.
[2] 崔杰. ERP 企业模拟经营沙盘实训教程[M]. 北京：清华大学出版社，2019.
[3] 高楚云，何万能. ERP 沙盘模拟实训指导教程[M]. 北京：人民邮电出版社，2017.